이건 몰랐지?
기발하고 엉뚱한 공룡도감

SUGOKUTE YABAI KYORYUZUKAN by Ren Hirayama
SUGOKUTE YABAI KYORYUZUKAN
Supervised by Ren Hirayama
Edited by Live
Copyright©Live, 2020
All rights reserved.
Original Japanese edition published by KANZEN CORP.
Korean translation copyright ©2022 by Cassiopeia Publishing Company.
This Korean edition published by arrangement with KANZEN CORP,
through HonnoKizuna, Inc., Tokyo, and AMO AGENCY

이 책의 한국어판 저작권은 AMO에이전시를 통해 저작권자와
독점 계약한 카시오페아에 있습니다.
저작권법에 의해 한국 내에서 보호를 받는 저작물이므로
무단 전재와 무단 복제를 금합니다.

술술 읽다 보면 오늘부터 공룡 박사!

이건 몰랐지?
기발하고
엉뚱한
공룡도감

히라야마 렌 감수 | 가니 멤마 그림
심수정 옮김 | 임종덕 한국어 감수

카시오페아

차례

들어가며 • 10

감수자의 말 • 11

공룡은 어떤 동물일까? • 14

공룡이 살던 시대 • 16

공룡은 어떻게 나눌까? • 18

공룡이 사라진 이유 • 20

이 책을 보는 방법 • 22

제1장 날카로운 이빨과 발톱으로 먹이를 노리는 사냥꾼
수각류

 뾰족한 이빨과 발톱으로 먹잇감을 마구 사냥한 딜로포사우루스 • 24

 날카롭고 큼지막한 이빨로 사냥감을 물고 뜯은 케라토사우루스 • 26

 이빨이 굉장히 날카롭고 목 근육이 엄청났던 알로사우루스 • 28

 하늘을 날기 위해 뇌와 칼깃을 발달시킨 아르카이옵테릭스 • 32

 길고 화려한 줄무늬 꼬리가 있었던 시노사우롭테릭스 • 36

 톱날 같은 이빨로 고기를 마구 베어 뜯어 낸 카르카로돈토사우루스 • 38

 무시무시한 갈고리발톱으로 먹잇감의 살을 뚫고 찢은 데이노니쿠스 • 40

 영화에 나오면서 갑자기 유명해진 스피노사우루스 • 44

낫처럼 생긴 앞다리가 어른 인간보다도 길고 컸던 데이노케이루스 • 48

 물속 생활에 맞춰 몸을 조금씩 진화시킨 할스즈카랍토르 • 50

 알을 지켰을 뿐인데 도둑으로 몰린 오비랍토르 • 52

 흰개미를 잡을 때 쓰려고 발톱을 딱 1개만 커다랗게 키운 모노니쿠스 • 54

 살아 있었다면 인간처럼 똑똑하게 진화했을지도 모르는 트루돈 • 56

 영화 속 슈퍼 영웅들처럼 몸이 날쌔고 재빨랐던 미크로랍토르 • 58

 먹이를 뼈째 으깰 만큼 턱 힘이 강력했던 티라노사우루스 • 60

공룡 상식 : 공룡 화석이 만들어지는 과정 • 64

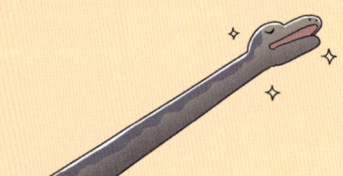

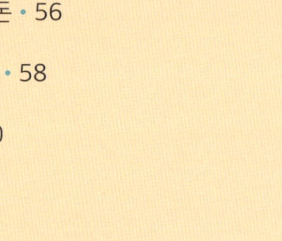

제2장
몸집이 어마어마하고 늘 풀을 뜯는 먹보
용각형류

 까마득히 머나먼 옛 시대에 살았던 에오랍토르 • 66

 커다란 위와 장 덕분에 아무리 먹어도 거뜬했던 플라테오사우루스 • 70

 어마어마하게 커다란 입으로 풀을 폭풍 흡입했던 니게르사우루스 • 72

 목이 길수록 이성에게 인기가 많았던 마멘키사우루스 • 74

 덩치가 너무 큰 나머지 제대로 걷지 못했을 수도 있는 아파토사우루스 • 76

공룡 중 으뜸갈 만큼 키가 크고 몸이 무거운 브라키오사우루스 • 80

 등줄기를 따라 뾰족한 돌기가 쭉 솟아 있었던 아마르가사우루스 • 84

 공룡 중 제일갈 만큼 덩치가 무지막지했던 아르젠티노사우루스 • 86

공룡 상식 : 언제부터 공룡을 연구했을까? • 90

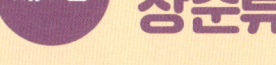

단단한 방패를 몸에 두른 장수
제3장 장순류

 뼈로 된 방패를 두르고도 쏜살같이 달아났던 스쿠텔로사우루스 • 92

 목이 길어 머리가 높은 곳에도 거뜬히 올라갔던 미라가이아 • 94

 꼬리 가시로 상대의 살을 뚫고 뼈까지 찌른 스테고사우루스 • 96

 가시가 어찌나 무시무시한지 육식 공룡도 함부로 못 덤볐던 사우로펠타 • 100

 가시투성이 갑옷 덕분에 적들도 함부로 달려들지 못했던 폴라칸투스 • 102

 온몸이 딱딱한 뼈 판으로 빼곡히 덮여 있었던 안킬로사우루스 • 104

공룡 상식 : 공룡에 이름을 붙이는 방법 • 108

제4장
머리와 목을 화려한 장식으로 꾸민 멋쟁이
주식두류

 보통의 각룡과는 다른 자기만의 방식으로 진화한 **프시타코사우루스** • 110

 각룡 중에서는 거의 최고로 덩치가 컸던 **트리케라톱스** • 114

 멋들어진 프릴로 자신을 더욱더 돋보이게 했던 **프로토케라톱스** • 118

 연구 결과로 이름이 없어진 **스티기몰로크** • 120

 두꺼운 머리뼈가 거의 20센티미터나 되는 **파키케팔로사우루스** • 122

공룡 상식 : 공룡은 얼마나 오래 살까? • 126

제5장
새와 다리가 비슷하게 생긴 날쌘돌이
조각류

 날랜 발놀림으로 적을 멀리 따돌렸던 **힙실로포돈** • 128

 날카로운 엄니를 내세워 힘자랑을 했던 **헤테로돈토사우루스** • 130

 앞발의 엄지발톱이 창끝처럼 날카로웠던 **이구아노돈** • 132

 새끼들을 아주 알뜰살뜰하게 돌봤던 **마이아사우라** • 136

덴털배터리로 이빨을 늘 새것으로 유지한 **람베오사우루스** • 138

 머릿속으로 바깥 공기를 쭈욱 빨아들였던 **파라사우롤로푸스** • 140

공룡 상식 : 공룡을 되살릴 수 있을까? • 144

제6장
공룡인 듯 공룡 아닌 공룡과 같이 살던
파충류

 무지막지한 턱과 이빨로 죄다 깨물어 부쉈던 **사우로수쿠스** • 146

 멸종이라는 개념을 처음으로 알린 화석 **이크티오사우루스** • 150

 온 세상의 바다를 헤엄치며 돌아다닌 **엘라스모사우루스** • 154

 뭐든 통째로 씹어 삼킬 만큼 턱 힘이 어마어마했던 **모사사우루스** • 158

 모든 익룡을 통틀어 가장 거대했던 **케찰코아틀루스** • 162

찾아보기 • 166
도움받은 책 • 167

들어가며

이 책은 공룡 관련 도서를 여럿 낸 '칸젠 출판사'에서 새롭게 나온 어린이용 공룡 도감입니다. 어린 독자들이 읽기 쉽도록 말을 다듬고 쉽게 풀이했습니다.

공룡은 참으로 불가사의한 생물입니다. 무엇을 먹으며 살았는지도 뚜렷하지 않고, 아직 우리가 찾아내지 못한 종류도 매우 많지요.

많이 알려진 공룡인 '스테고사우루스'는 덩치는 산처럼 크면서 뇌는 겨우 호두만 했다고 해요. '진짜 엄청난' 사실이지요? 또 책의 마지막을 장식하는 '케찰코아틀루스'는 공룡이 아닌 익룡이지만, 알면 알수록 '정말 놀라운' 존재랍니다.

이 책을 읽으며 우리 인간도 공룡 못지않게 '엄청나고 놀라운' 생명체라는 점을 부디 되새겨 보기 바랍니다.

— 히라야마 렌(와세다대학 국제교양학부 교수)

감수자의 말

공룡은 현재 멸종되어 신비로운 존재이자 지구상에서 가장 번성했던 동물 중 한 종류입니다. 우리나라에도 공룡들이 남긴 흔적들이 뼈, 발자국, 알, 피부 흔적, 바닥을 긁은 흔적과 같은 형태로 남겨져 있지요. 공룡뿐 아니라, 공룡과 함께 살았던 악어·포유류·새·도마뱀·개구리·물고기들의 흔적 화석들도 발견되고 있어요.

1992년은 제가 처음으로 공룡 뼈를 만지고 연구를 시작한 해였습니다. 그때로부터 정확히 30년이 지난 2022년이 되니, 공룡과 함께 참 많은 추억을 만들어 왔다는 생각에 감회가 새롭습니다. 제가 가장 좋아했던 브라키오사우루스를 직접 발굴해 본 장면이 아직도 생생하고 그 순간의 떨림이 전해지는 것 같아요.

여러분들이 가장 좋아하는 공룡은 어떤 공룡인가요? 분명 그 좋아하는 공룡을 만날 기회가 점점 다가오고 있을 것입니다.

올 여름방학에는 가족들과 함께 우리나라 남해안으로 여행을 다니면서 직접 공룡들이 살았던 흔적들을 만나 보는 것은 어떨까요? 천연기념물로 지정된 공룡 화석 산지, 실제 공룡의 뼈들이 전시되어 있는 공룡 박물관, 그리고 한 번도 발견된 적이 없는 공룡의 화석들이 여러분을 기다리고 있을지 몰라요.
까마득한 먼 과거에 살았던 놀라운 존재, 공룡을 관찰하고 배우는 즐거움을 여러분들도 꼭 누릴 수 있기를 바랍니다.
여행에서 공룡들을 만나기 전에《이건 몰랐지? 기발하고 엉뚱한 공룡 도감》에 등장하는 신비로운 공룡의 세계로 먼저 떠나야겠지요?
공룡에 대해 갖은 지식을 담은 이 책을 통해 기발하고 엉뚱한 공룡들을 만나 보세요. 새롭게 알게 된 공룡의 특징들과 흥미로운 이야기들을 가지고 친구들과 재미있는 토론도 해 보시기 바랍니다.

공룡 친구들과 함께 중생대 탐험을 즐겁게 다녀오길 응원하겠습니다.
자, 그럼 공룡들을 만나러 함께 떠나 볼까요?

− 공룡 화석을 발굴하고 전시하는 과학자
임종덕(캔자스대학교 척추고생물학 박사)

공룡은 어떤 동물일까?

공룡은 어떤 동물일까요? 살아 있는 모습을 상상해서 그린 그림을 보면, 마치 도마뱀이나 악어처럼 생겼어요. 몸은 비늘로 덮여 있고 바깥 온도에 따라 체온이 변하며 알을 낳는 '파충류'를 닮았지요. 공룡이 파충류에서 천천히 변하며 진화했기 때문이에요.

그렇다면 지금의 파충류와 공룡은 어디가, 어떻게 다를까요? 몇 가지 차이점이 있지만, 그중에서도 가장 다른 부분은 바로 '다리 구조'입니다. 파충류는 다리가 몸 옆으로 나 있고, 사람으로 따지면 팔꿈치나 무릎에 해당하는 부분을 구부려서 몸을 지탱합니다. 따라서 힘을 쭉 빼면 몸이 땅 표면에 닿지요. 한편 공룡

파충류
다리가 몸 옆으로 나 있으며, 사람의 팔꿈치나 무릎에 해당하는 부분을 굽혀 몸을 지탱한다.

공룡
다리가 아래로 땅을 향해 곧게 나 있어 몸을 탄탄하게 떠받친다.

은 몸 아래에 곧게 난 다리로 몸을 탄탄하게 받칠 수 있어요. 이러한 다리 구조 덕분에 공룡은 빠른 걸음으로 돌아다니거나 뒷다리로 설 수도 있었습니다. 크고 무거운 몸을 이끌고 다닐 수 있게 되자, 몸길이가 30미터를 넘는 초대형 공룡들도 나타나기 시작했어요.

공룡 시대에는 새처럼 하늘을 나는 익룡(翼龍), 돌고래나 고래처럼 바닷속에서 사는 어룡(魚龍), 장경룡(長頸龍), 모사사우루스 등도 있었습니다. 이 동물들은 마치 공룡처럼 보이지만, 공룡이 아니에요. 공룡과 달리 다리가 몸의 옆이나 뒤쪽으로 나 있기 때문이지요. 또 익룡은 바로 앞 조상만 공룡과 친척뻘이고, 장경룡과 모사사우루스는 공룡보다는 도마뱀과 가까운 생물이에요. 어룡은 장경룡과 모사사우루스와는 다른 갈래로 진화한 생물이랍니다.

공룡과 닮았지만 공룡이 아닌 생물들

익룡류

모사사우루스류

장경룡류

어룡류

공룡이 살던 시대

지구가 생긴 뒤부터 인류가 나타날 때까지의 시대를 지질 시대라고 해요. 공룡은 지질 시대 중 '중생대'라고 하는 아주 오랜 옛날에 살았어요. 지질 시대를 나누고 이름 짓는 국제층서위원회의 기준에 따르면, 중생대는 약 2억 5,190만 년 전부터 약 6,600만 년 전까지예요. 중생대는 다시 트라이아스기, 쥐라기, 백악기로 나뉘어요. 이 중 공룡이 태어난 시기는 트라이아스기 중반 무렵이라고 합니다.

그 옛날, 공룡은 어떻게 지구에 나타나게 되었을까요? 중생대의 바로 앞 시기이자 고생대의 마지막 시대인 페름기가 끝날 무렵, 화산이 아주 크게 터졌어요. 화산 폭발이 얼마나 컸는지 그때 살았던 생물의 약 90퍼센트가 한꺼번에 사라졌다고 합니다. 트라이아스기 때 지구에는 거대한 땅덩어리인 '판게아'가

트라이아스기			
전기	중기	후기	
페름기 말, 살아 있는 것이 거의 없던 육지에 파충류가 나타났다. 이 파충류는 마른 땅에 적응하면서 진화하기 시작했다. 이 때의 공룡 화석은 아직 발견되지 않았다.	공룡은 아니지만, 공룡의 조상에 가까운 파충류인 마라수쿠스가 살았다. 바다에 어룡이 나타나 활발하게 살아가던 때이기도 하다.	공룡과 익룡의 공통 조상인 라고수쿠스, 뒤를 이어 초기 공룡인 에오랍토르가 등장했다. 트라이아스기 말에는 플라테오사우루스와 같은 커다란 공룡도 나타났다.	
약 2억 5,190만 년 전	약 2억 4,720만 년 전	약 2억 3,700만 년 전	약 2억 130만 년 전

북극에서 남극까지 펼쳐져 있었고, 간신히 살아남은 10퍼센트의 생물이 이 육지로 올라왔어요. 공룡은 바로 이 생물들 속에서 태어났지요. 트라이아스기가 끝날 무렵, 갑자기 기후가 크게 달라지면서 공룡을 뺀 대형 파충류와 양서류(물에서도 살고 땅에서도 사는 동물) 대부분이 육지에서 없어지고 말았습니다.

다음 시대인 쥐라기에 들어오자, 기후도 차츰 안정되면서 비가 많이 내리는 우기와 공기가 메마른 건기가 생기고 땅 위에는 식물이 무럭무럭 자라기 시작했어요. 먹이가 많아지자 초식 공룡의 몸집이 커지면서 수도 불어났고, 초식 공룡을 사냥하는 육식 공룡도 점점 거대해졌습니다.

마지막 시대인 백악기가 되자, 대륙은 오늘날의 지구에 가까워졌어요. 육지에 퍼져 살던 공룡들이 진화를 거듭하면서 곳곳에 다양한 종이 나타났지요. 하지만 6,600만 년 전, 알 수 없는 이유로 공룡들은 지구에서 순식간에 자취를 감추고 말았습니다.

	쥐라기			백악기	
전기	전기	중기	후기	전기	후기
트라이아스기가 끝날 즈음, 환경이 갑자기 달라지면서 공룡을 뺀 대형 파충류 대부분이 멸종했다. 경쟁자들이 사라지자 땅 위는 온통 공룡 세상이 되었다.		판게아 대륙이 로라시아 대륙과 곤드와나 대륙으로 갈라졌다. 공룡들은 두 땅덩어리에서 저마다 다른 모습으로 진화하기 시작했다.	식물이 많아지면서 초식 공룡의 몸집이 커졌고, 초식 공룡을 먹는 육식 공룡도 거대해졌다. 첫 조류도 이때 나타났다.	대륙이 여러 조각으로 갈라져 오늘날의 모습에 가까워졌다. 공룡들도 종류가 한층 다양해졌다.	공룡이 가장 진화한 시대이자, 개성 넘치는 공룡이 여럿 나타난 '공룡의 전성기'이다. 하지만 백악기가 끝나면서 갑자기 모두 사라지고 말았다.
약 1억 7,410만 년 전		약 1억 6,350만 년 전	약 1억 4,500만 년 전	약 1억 50만 년 전	약 6,600만 년 전

공룡은 어떻게 나뉠까?

공룡은 크게 '용반목(龍盤目)'과 '조반목(鳥盤目)'으로 나뉘어요. 등뼈 바로 밑에 있고 뒷다리 뼈가 연결된 '엉덩이뼈(골반)'의 생김새로 둘을 구분한답니다.

먼저 용반목은 엉덩이뼈가 도마뱀이나 악어 같은 파충류의 엉덩이뼈와 닮은 공룡 무리예요. 짐승의 다리를 지닌 무리라는 뜻의 '수각류(獸脚類)', 그리고 다리가 파충류의 다리와 비슷하게 생긴 '용각형류(龍脚形類)'로 나뉘어요.

다음으로 조반목은 엉덩이뼈가 새의 엉덩이뼈와 닮은 공룡 무리예요. 몸을 방패로 감싼 장순류(裝盾類), 머리 주변에 장식을 단 주식두류(周飾頭類), 다리 모양이 새와 비슷한 조각류(鳥脚類)로 나뉩니다.

최근에는 새가 수각류에서 진화했다는 연구 결과가 나오면서 새들을 공룡 무리로 보기도 해요. 새들의

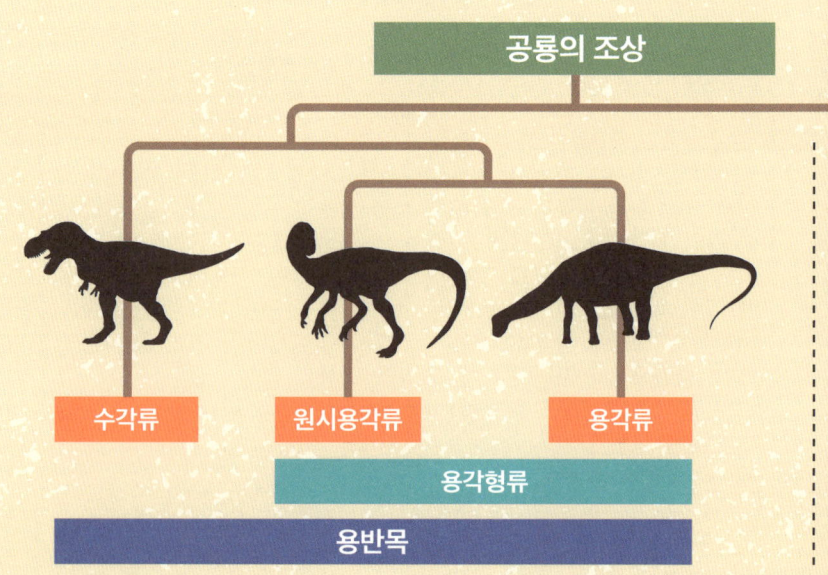

바로 위 조상은 용반목인 수각류 공룡이라는 점, 꼭 기억해 두세요!

- **수각류**: 보통은 뒷다리로 서서 걸으며 거의 육식이다. 대부분의 공룡이 날카로운 발톱을 가졌다. 조류의 조상이라고도 한다.
- **용각형류**: 원시용각류(原始龍脚類)와 용각류(龍脚類)로 나뉜다. 몸통이 거대하고 목이 긴 초대형 공룡이 많다.
- **장순류**: 등과 꼬리에 칼처럼 뾰족한 뼈 판과 가시가 달린 검룡류(劍龍類), 가슴 쪽 뼈가 크게 휘었고 뼈 판으로 몸을 감싼 '갑옷 공룡' 곡룡류(曲龍類)로 나뉜다.
- **주식두류**: 머리 주변에 뿔, 또는 주름 장식인 프릴이 달렸고 입이 부리처럼 생긴 '뿔 공룡' 각룡류(角龍類), 머리를 두꺼운 혹이나 가시로 장식한 '박치기 공룡' 후두류(厚頭類)로 나뉜다.
- **조각류**: 뒷다리로 서서 걷는 공룡이 많으며, 식물을 잘 씹어 먹을 수 있도록 이빨이 특이한 모양으로 발달했다.

공룡이 사라진 이유

공룡은 오래전 지구에 나타나 약 1억 6,400만 년 동안 전성기를 누리다가, 지금부터 약 6,600만 년 전 어느 날 갑자기 사라지고 말았습니다.

공룡은 왜 멸종했을까요? 어떤 학자들은 '운석이 떨어졌기 때문'이라고 여겨요. 우주에서 떨어지는 돌덩이인 '운석'이 지구와 부딪히면서 환경이 갑자기 바뀌자, 공룡들이 적응하지 못하고 사라졌다는 것이지요. 실제로 멕시코의 유카탄반도에서는 지름 100킬로미터가 넘는 운석 구덩이가 발견되었어요. 구덩이 크기로 보면, 운석은 지름이 10킬로미터 정도였을 거라고 합니다. 학자들은 운석이 떨어졌을 때의 지구 모습을 다음과 같이 추측했어요.

지구에 운석이 떨어지자 어마어마한 에너지가 생겨

지진 해일이 300미터 높이로 일어났고, 주변은 온통 물바다가 되었어요. 또 운석이 부딪히면서 하늘로 솟구친 흙과 모래가 길게는 10년 넘게 공중을 떠돌면서 햇빛을 가렸지요. 육지는 추워졌고, 빛을 받지 못한 식물은 말라비틀어졌어요. 먹이가 없어진 초식 공룡이 먼저 쓰러졌고 그 뒤를 따라 육식 공룡도 죽을 수밖에 없었습니다.

하지만 덩치가 작은 파충류, 조류, 포유류(몸에 털이 있고 체온이 늘 같으며 새끼를 낳아 젖을 먹여 기르는 동물) 같은 동물은 무사히 살아남았어요. 그래서 공룡이 운석 때문에 멸종했다고만은 볼 수 없습니다. 백악기 끝 무렵에는 화산이 어마어마한 크기로 폭발했고, 공룡의 종(특징이 같고 비슷하게 살아가는 무리) 수도 조금씩 줄어들었어요. 공룡의 자리를 노리던 포유류가 결국 공룡을 멸종시켰다고 보는 학자도 있답니다. 앞으로 나올 연구 결과에 따라, 우리가 미처 상상하지 못했던 새로운 사실이 공룡이 사라진 진짜 이유로 밝혀질지도 몰라요.

▎공룡이 사라진 또 다른 이유

화산 폭발	백악기가 끝날 즈음, 화산이 엄청난 규모로 터졌다는 증거가 인도에서 발견되었다. 화산이 뿜어낸 연기가 햇빛을 가려 환경이 달라졌을지도 모른다.
공룡 종의 한계	북아메리카에서 발견되는 공룡은 백악기 끝자락으로 가면서 트라이아스기나 쥐라기에 비해 종류가 차츰 줄어든다. 즉, 공룡이라는 종 자체가 이미 힘을 잃었을 수도 있다.
포유류의 세력 확장	공룡 시대에 조용히 진화해 온 포유류가 식물이나 공룡의 알을 먹어 치워 공룡이 사라졌을 가능성도 있다.

이 책을 보는 방법

① **이름**: 한글 이름과 학명(모든 나라에서 공통으로 쓰는 이름)을 함께 실었어요.

② **분류**: 어떤 공룡 종에 들어가는지를 보여 줘요.

③ **이름의 뜻**: 어떻게 이런 이름이 붙었는지 알 수 있어요.

④ **살던 때**: 중생대에서 언제 살았는지를 표시했어요.

⑤ **그림**: 공룡이 살아 있는 모습을 상상해서 그렸어요.

⑥ **크기**: 키가 170센티미터인 사람 그림이 함께 있어 크기를 비교할 수 있어요.

- **몸길이**: 머리뼈 맨 앞에서 꼬리뼈 맨 끝까지의 길이예요.
- **키**: 공룡이 서 있을 때 땅에서 엉덩이까지의 예상 높이를 키로 잡았어요.

⑦ **화석이 나온 곳**: 화석이 발견된 곳이 나와 있어요.

⑧ **본문**: 공룡의 엄청나고 놀라운 특징을 짚으며 어떤 생물이었는지를 알아봐요.

⑨ **한 걸음 더!**: 본문에서 소개한 내용을 조금 더 자세히 살펴봐요.

제1장
날카로운 이빨과 발톱으로 먹이를 노리는 사냥꾼 수각류

뾰족한 이빨과 발톱으로 먹잇감을 마구 사냥했대!

정말?

크기

키 1.5~1.7m
몸길이 6~7m

화석이 나온 곳

미국

DILOPHOSAURUS
딜로포사우루스

| 분류 | 이름의 뜻 | 볏이 2개 달린 도마뱀 |

분류

수각류

이름의 뜻 볏이 2개 달린 도마뱀

코끝에서 머리꼭지에 걸쳐 볏이 2개 돋아 있는 모습에서 붙은 이름이다. 볏은 얇고 평평하며 단단하지 않다.

살던 때: 쥐라기 (트라이아스기 / **쥐라기** / 백악기 전기 / 백악기 후기)

딜로포사우루스는 미국에서 화석이 발견된 공룡입니다.
머리 위에 돋은 2개의 볏에는 공기가 들락날락하는 주머니 같은 기관이 들어 있어요. 이 주머니를 늘렸다 줄였다 하며 신호를 주고받았어요. 주로 상대가 자신과 같은 종임을 확인하거나 짝짓기에 사용되었습니다. 또 몸이 날렵하고 뒷다리가 튼튼해 시속 40킬로미터 빠르기로 달릴 수 있었다고 해요.
위턱 끝은 낚싯바늘처럼 굽어 있어요. 턱이 약해 작은 동물을 잡아먹거나 죽은 동물을 찾아다녔을 것으로 여겨졌지요. 하지만 최신 연구에 따르면 턱 중간쯤에 칼처럼 휜 커다란 이빨이 나 있고 앞다리가 근육질인 데다가 갈고리발톱이 날카로워 큰 먹이도 거뜬히 사냥했을 거라고 합니다.
아마도 딜로포사우루스는 동물의 크기를 가리지 않고 뭐든지 잡아먹던 사냥꾼 공룡이었을 것입니다.

제1장
날카로운 이빨과 발톱으로 먹이를 노리는 사냥꾼 수각류

날카롭고 큼지막한 이빨로 물고 뜯어 사냥감을 쓰러트렸대!

정말?

크기
키 1.7~3m
몸길이 6~10m

화석이 나온 곳
미국, 탄자니아

CERATOSAURUS
케라토사우루스

분류	이름의 뜻	뿔이 난 도마뱀
수각류		케라토(Cerato)란 그리스 말로 '뿔'이라는 뜻이다. 뿔처럼 생긴 돌기가 코 위에 1개, 눈 위에 2개 돋아 있어 이런 이름이 붙었다.

살던 때

트라이아스기	쥐라기	백악기 전기	백악기 후기

케라토사우루스는 처음 발견되었을 때, 알로사우루스와 비슷한 종류로 여겨졌어요. 하지만 머리뼈 모양이 알로사우루스와는 다르게 생겼고 머리에는 뿔 같은 돌기가 있으며, 앞발의 발가락이 4개(알로사우루스는 3개)고 머리부터 등까지 돋아 있는 악어처럼 단단한 뼈 비늘 등 여러 특징으로 보아 새로운 공룡이라는 점이 밝혀졌지요.

머리에 난 돌기 3개는 소나 사슴의 뿔처럼 적을 물리칠 때가 아니라, 자기들끼리 가볍게 힘을 겨루거나 짝을 찾을 때 썼을 것으로 보여요. 코 위의 돌기는 3개 가운데 가장 크고 겉에 홈이 패여 있어요. 이 홈은 핏줄이 있던 자국으로, 피 흐름에 따라 돌기가 살짝 부풀거나 색이 바뀌었을지도 모른다고 합니다.

위턱의 이빨은 이 공룡의 전체 몸집에 비해 아주 길고 큰 편이에요. 티라노사우루스처럼 큰 육식 공룡의 이빨에도 뒤지지 않을 정도지요. 케라토사우루스는 얇은 칼날처럼 잘 베는 이빨로 덩치가 집채만 한 초식 공룡에게도 마구 달려들어 살점을 뜯어 먹었을 거예요.

제1장
날카로운 이빨과 발톱으로 먹이를 노리는 사냥꾼 수각류

이빨이 굉장히 날카롭고 목 근육이 엄청났대!

진짜?

크기
키 1.8~3m
몸길이 7~12m

화석이 나온 곳
미국

알로사우루스
ALLOSAURUS

분류
수각류

이름의 뜻 다른 도마뱀

등뼈 화석이 그때까지 발견되었던 공룡 화석에서는 처음 나온 모양이라 '다른'이라는 말이 붙었다.

살던 때

| 트라이아스기 | 쥐라기 | 백악기 전기 | 백악기 후기 |

알로사우루스는 쥐라기에 살았던 육식 공룡 중 가장 크며, 꽤 유명한 공룡이에요. 일어선 채 2개의 뒷발로 걸었고, 머리뼈는 전체 몸집이 비슷한 다른 수각류 공룡보다는 약간 작은 편입니다.

턱에는 위아래로 날카로운 이빨이 16개 정도씩 나 있었어요. 이빨 가장자리에는 스테이크를 써는 칼처럼 톱날이 있어 먹잇감의 살을 베고 찢기 좋았답니다.

또 머리뼈를 조사한 결과, 알로사우루스는 입을 크게 벌릴 수 있었다고 해요. 다만 티라노사우루스처럼 먹잇감을 뼈째 바스러트릴 만큼 턱 힘이 좋지는 않았던 듯해요. 이러한 특징으로 미루어 보면, 이 공룡은 입을 쫙 벌려 먹이를 덥석 문 다음, 목에 힘을 주어 마구 흔들며 살점을 갈기갈기 찢었을 것입니다. 이 공격으로 크게 다친 먹잇감은 움직임이 둔해지고 피를 너무 많이 흘린 탓에 곧 쓰러졌을 거예요.

제1장
날카로운 이빨과 발톱으로 먹이를 노리는 사냥꾼 수각류

알로사우루스를 비롯한 여러 육식 공룡은 떼를 지어 살았다고 해요. 오늘날의 동물인 사자나 늑대도 서로 도우며 무리로 사냥하는 덕분에 자기들보다 훨씬 큰 먹이를 잡을 수 있지요. 알로사우루스가 살았던 시대에는 브라키오사우루스처럼 몸길이가 25미터도 더 되는 아주 커다란 초식 공룡들이 많이 살았습니다. 혼자라면 이런 사냥감에 얼씬도 못 했겠지만, 여럿이 함께라면 충분히 쓰러트릴 수 있었을 거예요. 화석으로 옛 지구를 연구하는 고생물학자인 로버트 토마스 바

한 걸음 더!
무리를 지어
살았다고 추측하는 이유

알로사우루스는 한 장소에서 여러 마리의 화석이 발견되기도 해. 어린 공룡부터 어른 공룡까지 나이도 다양하지. 이런 이유로 알로사우루스가 여럿이 모여 함께 살았다고 추측한단다.

커(Robert Thomas Bakker)를 비롯한 많은 연구자가 알로사우루스들이 우르르 몰려다녔을 것으로 추측한다고 해요.

하지만 반대하는 의견도 있어요. 얼마 전 어떤 알로사우루스 화석에서 자기들끼리 물고 물린 이빨 자국이 발견되었거든요. 힘을 합치기는커녕 서로 잡아먹었을지도 모른다고 해요. 과연 누구의 생각이 맞을까요? 앞으로의 연구 결과가 정말 기대됩니다.

무리를 지어 아주 커다란 공룡도 쓰러트렸대!

정말?

제1장
날카로운 이빨과 발톱으로 먹이를 노리는 사냥꾼 수각류

하늘을 훨훨 날기 위해 뇌와 깃을 발달시켰대!

진짜?

크기
키 약 0.3m
몸길이 약 0.5m

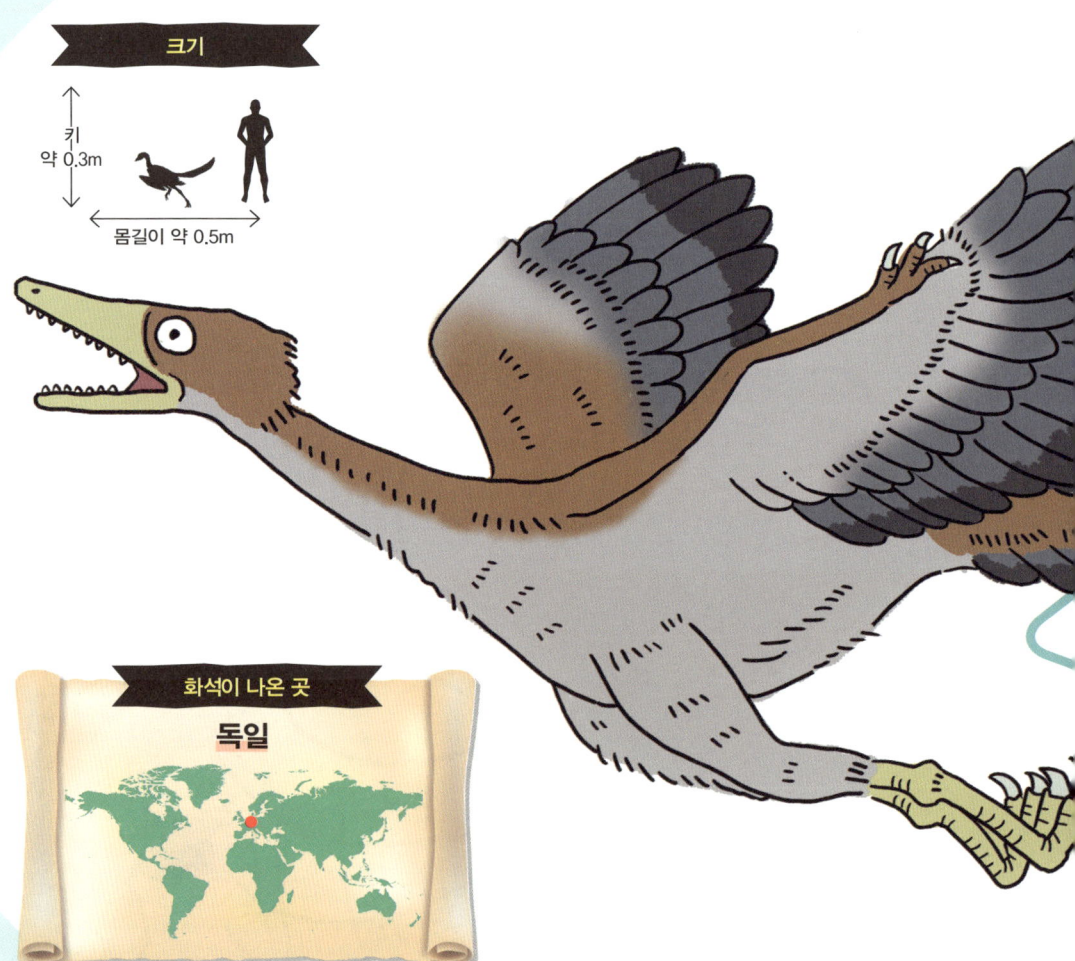

화석이 나온 곳
독일

ARCHAEOPTERYX
아르카이옵테릭스

분류
수각류

이름의 뜻
고대의 날개

화석에서 깃털 흔적을 찾은 학자들이 시조새를 조류의 조상으로 여겨 붙인 이름이다. 우리나라에서는 주로 '시조새'라고 부르며, '시조(始祖)'란 어떤 것의 맨 처음 조상이라는 뜻이다.

살던 때
트라이아스기 | **쥐라기** | 백악기 전기 | 백악기 후기

시조새는 초기에 나타나 발달이 덜 된 원시 조류로, 부리에 이빨이 나 있고 앞발에 발가락이 있으며 갈고리발톱이 남아 있다는 점이 오늘날의 조류와 달라요. 새의 조상이 아닌, 공룡이 조류로 진화하는 사이에 태어난 생물 중 하나라고 합니다.

시조새도 지금 새들처럼 하늘을 날았을지 궁금하겠지요? 화석이 발견되었을 때부터 여러 학자가 추측한 내용에 따르면, 짧은 거리쯤은 가볍게 날았을 거라고 해요. 시조새의 날개에는 날기 위한 깃털인 '칼깃'이 있어서라고 합니다. 칼깃은 깃대를 끼고 양쪽이 다르게 생긴 깃털로, 모든 새에게서 찾아볼 수 있어요. 또 새는 하늘을 날면서 균형을 잡거나 근육을 움직일 때 '뇌'를 쓰는데, 시조새의 뇌 구조는 새의 뇌 구조와 비슷해요. 귓속에는 몸의 균형을 잡아 주는 기관인 '반고리관'도 있고요. 이처럼 시조새는 하늘을 나는 데 필요한 기능을 모두 갖췄답니다.

제1장
날카로운 이빨과 발톱으로 먹이를 노리는 사냥꾼 수각류

시조새는 1861년에 첫 화석이 발견되었어요. 그 뒤로 약 150년 동안, 더 옛날에 살았던 조류 화석이 발견되지 않은 덕분에 시조새는 지구에서 가장 오래된 새로 알려졌지요. 그런데 '가장 오래된 새'라는 이름을 더는 쓰지 못하게 될지도 모른다고 해요. 왜냐하면 시조새가 살던 때보다 더 옛날에 살면서 하늘을 날았을 것으로 보이는 공룡들이 발견되었거든요.

한 걸음 더!
공룡과 조류는 어떻게 나눌까?

조류는 공룡에서 진화한 동물이지만, 여기부터 여기까지 조류라고 선을 그어 딱 나눌 수는 없어. 예를 들어 '칼깃이 있고 하늘을 나는 동물을 조류라고 한다'처럼 뚜렷한 기준이 마련되면 좋겠는데 말이지.

칼깃

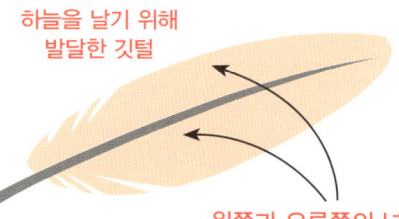

하늘을 날기 위해 발달한 깃털

왼쪽과 오른쪽의 넓이가 고르지 않아요.

이제 내가 원조거든?

그중 한 공룡이 중국에서 발견된 '안키오르니스'예요. 안키오르니스는 시조새보다 무려 1,000만 년이나 앞서 살았던 자그마한 수각류 공룡입니다. 칼깃이 난 날개가 앞다리에 붙어 있어, 높은 곳에서 날아내리거나 날개를 퍼덕이며 날았을 거라고 해요.

더 오래된 화석이 발견되어 이제 '시조'가 아닐지도 모른대! 정말?

제1장
날카로운 이빨과 발톱으로 먹이를 노리는 사냥꾼 수각류

1996년에 화석이 발견되면서 처음 알려진 시노사우롭테릭스는 당시의 공룡 상식을 뒤바꾼 아주 중요한 공룡이에요. 머리부터 꼬리에 걸쳐 깃털 흔적이 있는 이 공룡의 화석이 발견되면서 새에게만 있는 줄 알았던 깃털이 공룡에게도 있었다는 사실이 밝혀졌거든요.

그 뒤로 다른 공룡의 화석에서도 깃털 자국이 나오면서, 이제는 공룡에 깃털이 정말 있었다고 보는 학자가 많아졌습니다. 공룡 관련 전시를 하는 박물관이나 박람회장에도 지금의 새와 비슷한 공룡 그림들이 늘어났습니다.

최근에는 깃털 연구가 더욱 발전한 덕택에, 주로 검은색을 띠는 멜라닌 세포의 색소 알갱이인 '멜라노솜(Melanosome)'으로 공룡이 살아 있었을 때 몸이 어떤 색이었는지를 알 수 있게 되었어요. 시노사우롭테릭스의 깃털은 노란색, 주홍색, 갈색 등이었고 꼬리는 주홍색과 흰색 줄무늬였다고 해요.

길고 화려한 줄무늬 꼬리가 있었대! 정말?

SINOSAUROPTERYX

시노사우롭테릭스

분류: 수각류

이름의 뜻: 중국 도마뱀 날개

화석이 중국에서 발견되었고 날개 흔적이 있어 이런 이름이 붙었다. '중화용조(中華龍鳥)', 즉 중국에서 발견된 용의 날개라는 이름으로도 불린다.

살던 때: 트라이아스기 | 쥐라기 | **백악기 전기** | 백악기 후기

화석이 나온 곳: 중국

크기: 키 약 0.25m, 몸길이 약 1m

제1장
날카로운 이빨과 발톱으로 먹이를 노리는 사냥꾼 수각류

이 공룡은 1927년에 첫 화석이 발견되었어요. 화석은 독일 뮌헨에 보관되었지만, 제2차 세계대전 때 떨어진 폭탄에 맞아 사라지고 말았습니다. 다행히도 1996년에 잘 보존된 화석이 새로 발견되어 제대로 연구할 수 있었습니다.

이름의 유래가 된 '이빨'은 두께가 칼날처럼 얇고 폭이 넓어요. 가장자리에 팬 톱니가 심하게 들쭉날쭉하다는 점이 보통 육식 공룡의 이빨과는 다르지요. 몸도 머리도 티라노사우루스만큼 크지만, 머리 폭이 좁아 먹이를 무는 턱 힘은 티라노사우루스보다 못했을 거라고 합니다.

백악기 후기에는 이 공룡보다 훨씬 큰 초식 공룡도 많이 살았어요. 카르카로돈토사우루스는 뾰족하고 날이 잘 선 이빨로 덩치 큰 먹잇감의 살점을 마구 뜯어 낸 뒤, 피를 많이 흘리게 하는 방법으로 쓰러트렸을 거예요. 또 사냥할 때 앞다리의 길고 날카로운 갈고리발톱을 사용했을 것으로 보입니다.

톱날 같은 이빨로 고기를 마구 베어 뜯어 냈대! 정말?

CARCHARODONTOSAURUS
카르카로돈토사우루스

분류
수각류

이름의 뜻 상어 이빨 도마뱀

이빨이 백상아리 이빨처럼 톱니가 있고 칼날처럼 얇아 이런 이름이 붙었다. '카르카로돈(*Carcharodon*)'은 백상아리의 학명이다.

살던 때

| 트라이아스기 | 쥐라기 | 백악기 전기 | **백악기 후기** |

화석이 나온 곳
모로코, 니제르, 이집트

크기
키 약 4m
몸길이 약 13m

39

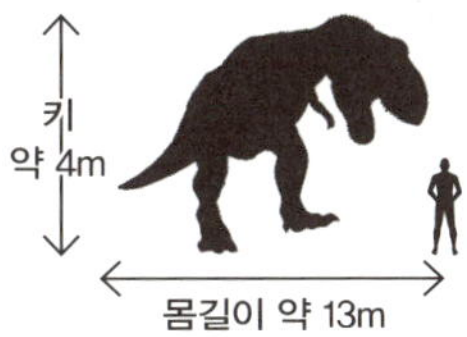

제1장
날카로운 이빨과 발톱으로 먹이를 노리는 사냥꾼 수각류

무시무시한 갈고리 발톱으로 먹잇감의 살을 뚫고 찢었대!

진짜?

화석이 나온 곳
미국

크기
키 0.87m
몸길이 2.5~3.5m

DEINONYCHUS
데이노니쿠스

분류

수각류

이름의 뜻 **무시무시한 발톱**

뒷발 2번째 발가락에 크고 날카로운 갈고리발톱이 나 있어 붙은 이름이다. 데이노니쿠스류 공룡은 발에 모두 비슷한 갈고리발톱이 달려 있다.

살던 때

| 트라이아스기 | 쥐라기 | **백악기 전기** | 백악기 후기 |

데이노니쿠스는 드로마에오사우루스류 공룡으로 몸집이 자그마해요. 화석에서 깃털 자국이 나온 적은 없지만, 데이노니쿠스와 가까운 공룡 화석들 대부분에 깃털 흔적이 있다는 점으로 미루어 보면 이 공룡도 깃털로 감싸여 있었을 가능성이 커요. 살아 있을 때를 상상해서 그린 그림을 보면 마치 새처럼 보입니다.

데이노니쿠스는 공룡 중에서도 뇌가 큰 편이라서 제법 영리했을 거라고 해요. 또 사우로펠타와 다른 공룡의 뼈에 남은 이빨 자국으로 보면 덩치는 작아도 물어뜯는 힘만은 강했던 듯합니다. 하지만 사냥을 할 때는 턱과 이빨이 아니라 뒷발에 난 갈고리발톱을 무기로 썼을 거예요.

이름의 유래이기도 한 '뒷발 2번째 발가락의 갈고리발톱'은 길이가 무려 13센티미터나 됩니다. 데이노니쿠스는 이 발톱이 땅에 닿지 않도록 위로 치켜세워 뒀다가 먹잇감을 덮칠 때 빙빙 돌리면서 살에 찔러 넣었어요. 다만 아무리 뾰족하고 날이 잘 들어도 갈고리발톱만으로 덩치 큰 먹이의 목숨까지 끊지는 못했을 거라고 합니다.

제1장
날카로운 이빨과 발톱으로 먹이를 노리는 사냥꾼 수각류

영화나 소설에는 인간이 우연히 공룡 세계를 모험하는 이야기가 여럿 있어요. 실제로 이런 일이 일어났을 때 가장 조심해야 할 공룡은 과연 무엇일까요? 바로 데이노니쿠스와 같은 소형 육식 공룡입니다. 일단 데이노니쿠스는 발이 무척 빨라요. 몸이 날렵하고 뒷다리가 길어 시속 50킬로미터가 넘는 빠르기로 달릴 수 있었다고 해요. 인간은 아무리 빨리 달려도 시속 40킬로미터도 못 내니 데이노니쿠스에게 금세 따라잡히겠지요? 게다가 머리까지 좋아 떼 지어 협동 작전을 펼치면서 공격해 올지도 모릅니다.

한 걸음 더!
무리를 이루어 사냥했을지도 모른다!

처음 화석이 나왔을 때, 같은 곳에서 데이노니쿠스 4마리와 조각류인 테논토사우루스 (Tenontosaurus) 1마리가 함께 발견되었어. 이 화석으로 여럿이 힘을 합쳐 테논토사우루스를 공격했다고 짐작할 수 있지.

또 데이노니쿠스는 언제나 배가 고팠을 거예요. 운동 신경이 좋은 만큼 에너지를 많이 쓰기 때문이지요. 참고로 사자 같은 맹수들은 배가 부르면 사냥을 하지 않지만, 배가 고프면 먹잇감이 아무리 빨리 달아나도 끝까지 따라붙어 절대로 놓치지 않는답니다.

같은 시대에 살았던 작은 동물들도 분명히 데이노니쿠스를 가장 두려워했을 거예요.

늘 호시탐탐 먹이를 노리며 바삐 돌아다녔대!

정말?

제1장
날카로운 이빨과 발톱으로 먹이를 노리는 사냥꾼 수각류

다들 잘 모르는 공룡이었는데 영화에 나오면서 갑자기 유명해졌대!

크기
키 4~5.5m
몸길이 12~14m

진짜?

화석이 나온 곳
니제르, 이집트, 레바논

SPINOSAURUS
스피노사우루스

분류

수각류

이름의 뜻 가시 도마뱀

등에 늘어선 가시 같은 돌기 때문에 붙여진 이름이다. 이 돌기는 최대 길이가 1.8미터나 된다. 중국에서는 '극룡(棘龍, 가시가 있는 용)'이라고 부른다.

살던 때: 트라이아스기 | 쥐라기 | 백악기 전기 | **백악기 후기**

스피노사우루스는 몸길이가 12~14미터나 된다고 해요. 하지만 뼈가 모두 발견되지 않아 정확한 크기는 아직 알 수 없습니다.

1912년에 나온 첫 화석은 독일의 뮌헨 고생물학 박물관에 보관되었으나, 제2차 세계대전 때 떨어진 폭탄 때문에 불에 타서 사라지고 말았습니다. 21세기에 새 화석이 발견되고 나서야 제대로 연구할 수 있었지요. 그래서 이 공룡을 아는 사람이 많지 않았지만, 영화 「쥬라기 공원(Jurassic Park) 3」(2001)에서 티라노사우루스와 싸워 이기는 장면으로 널리 알려졌어요. 하지만 살던 시기가 달라 실제로 만날 수는 없었답니다.

헤엄을 잘 칠 수 없는 뼈 구조임에도 살아 있을 때 물고기를 먹었다는 사실이 밝혀져 학자들의 의견이 엇갈렸어요. 하지만 2022년 수영 실력이 뛰어나서 물속에서 물고기를 사냥했다는 연구 결과가 새롭게 발표되었습니다.

제1장
날카로운 이빨과 발톱으로 먹이를 노리는 사냥꾼 수각류

오늘날의 악어와 이빨 모양이 비슷하다는 점, 화석이 나온 곳에서 악어나 거북, 물고기 따위의 화석이 발견되었다는 점, 코끝에 물속에 사는 생물의 움직임을 느끼는 기관이 있다는 점 등으로 보아, 스피노사우루스가 물에 들어가 물고기를 잡아먹으며 살았을 가능성이 가장 컸어요.

예전에는 이 공룡이 헤엄에 서툴렀을지도 모른다는 연구 결과가 나왔어요. 뼈 구조를 컴퓨터로 자세히 조사해 보니, 물에 너무 잘 떠서 잠수하기는 어려웠을 거라고요. 또 몸통을 가로로 자른 단면이 달걀처럼 위아래로 길쭉해서, 다리로 물을 젓지 않으면 물에 뜨기는커녕 금방 옆으로 쓰러질 것이라 생각했지요.

한편으로는 꼬리가 커다란 지느러미처럼 생겨서 물속에서는 꼬리를 흔드는 힘으로 물살을 헤치고 나아갔을 거라고 해요.

자, 과연 스피노사우루스는 헤엄을 잘 쳤을까요, 아니면 서툴렀을까요? 새로운 연구에 따르면 스피노사우루스의 뼈 무게가 무거워서 잠수 능력이 뛰어났던 것으로 밝혀졌답니다.

한 걸음 더! 헤엄이 서툴렀다고 추측했던 이유

스피노사우루스와 악어의 몸통을 단면으로 그려 비교해 보자. 스피노사우루스는 몸통이 어느 한쪽으로 금방 쓰러질 듯 불안해 보여. 반면 악어는 몸통이 옆으로 살짝 둥그렇고 안정적이지. 거북이나 바다표범처럼 물속에 사는 동물 중에는 몸통이 이렇게 생긴 동물이 많단다.

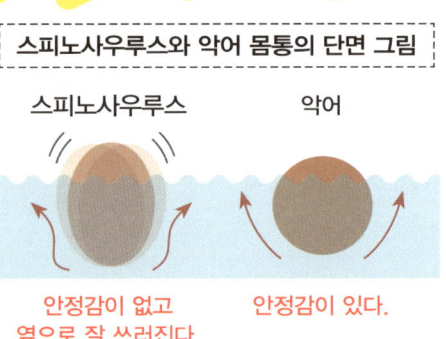

스피노사우루스와 악어 몸통의 단면 그림

스피노사우루스 — 안정감이 없고 옆으로 잘 쓰러진다.

악어 — 안정감이 있다.

제1장
날카로운 이빨과 발톱으로 먹이를 노리는 사냥꾼 수각류

낫처럼 생긴 앞다리는 어른 인간보다도 길고 컸대!

정말?

퍼억

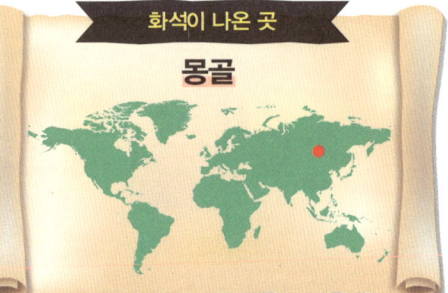

크기

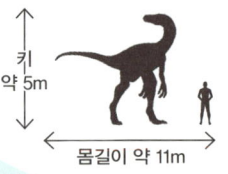
키 약 5m
몸길이 약 11m

화석이 나온 곳
몽골

DEINOCHEIRUS
데이노케이루스

분류
수각류

이름의 뜻 무시무시한 손

길이가 2.4미터나 되는 거대한 앞다리를 따서 이름을 붙였다. 3개의 발가락 끝에 커다란 갈고리발톱이 달린 모습이 보기만 해도 무시무시하다.

살던 때

| 트라이아스기 | 쥐라기 | 백악기 전기 | **백악기 후기** |

이 공룡의 화석은 1965년에 처음 발견되었습니다. 하지만 그때는 앞다리만 나왔고, 다른 부분의 화석이 발굴되기까지 무려 40년이 넘게 걸렸어요. 그래서 오랫동안 어떤 공룡인지 알 수가 없었습니다.

한때 학자들은 앞다리가 길고 갈고리발톱이 커다란 점으로 미루어, 데이노케이루스가 갈고리발톱으로 다른 공룡을 공격해 잡아먹는 무시무시한 육식 공룡일 거라고 여겼어요.

하지만 새로 발견된 머리뼈를 조사해 보니 이 공룡은 이빨이 없었어요. 또 몸속에서는 수많은 '위석(먹이를 잘게 부수려고 삼키는 돌)'이나 소화가 덜 된 물고기 뼈가 나왔지요. 지금은 식물과 작은 동물을 먹는 잡식성 공룡이었을 것으로 추측하고 있답니다. 아마도 긴 앞다리와 커다란 갈고리발톱으로 나뭇가지를 붙잡아 끌어당기거나 물고기를 낚아채 잡았을 거예요.

둥지는 아직 발견되지 않았지만, 알을 도넛처럼 둥글게 놓고 빈 가운데에 앉아 따뜻하게 품었을 것으로 보여요. 소형 육식 공룡들이 알을 노리고 다가오면 긴 앞다리를 마구 휘두르며 멀리 쫓아 버렸을지도 모릅니다.

제1장
날카로운 이빨과 발톱으로 먹이를 노리는 사냥꾼 수각류

물속 생활에 맞추어 몸을 조금씩 진화시켰대!

정말?

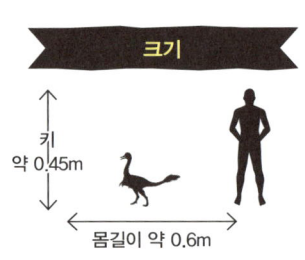

크기
키 약 0.45m
몸길이 약 0.6m

화석이 나온 곳
몽골

HALSZKARAPTOR
할스즈카랍토르

분류	이름의 뜻	할스즈카의 약탈자
수각류		정식 학명은 '할스즈카랍토르 에스퀼리에이'(*Halszkaraptor escuilliei*)'이다. 이 공룡을 찾는 데 힘을 보탠 고생물학자 '할스즈카 오스몰스카'와 화석 상인 '에스퀼리에'에서 따온 이름이다.

살던 때

| 트라이아스기 | 쥐라기 | 백악기 전기 | **백악기 후기** |

 2017년에야 이름이 지어진 할스즈카랍토르는 다른 공룡에게는 드문 특징을 여럿 갖춘 아주 흥미로운 공룡이에요.
 가장 큰 특징은 길디긴 '목'으로, 방향을 마음대로 휙휙 바꿀 수 있는 구조입니다. 또 앞발을 보면 바깥쪽에 난 발가락이 유난히 길어요. 이런 발 모양은 바다사자나 펭귄 등 4개의 다리가 지느러미처럼 생긴 동물에서 자주 발견된다고 하니, 할스즈카랍토르의 앞다리도 지느러미처럼 생겼을 거예요. 또 코끝에는 신경과 핏줄로 이뤄진 구멍들이 자잘하게 뚫려 있어요. 이 구멍은 물속에서 흔들림을 느끼기 위한 감각 기관이었을 가능성이 큽니다.
 이 같은 조사 결과를 모아서 살아 있을 때의 모습을 그려 보니, 마치 꼬리가 긴 집오리처럼 생겼다고 해요. 할스즈카랍토르는 지느러미 같은 앞다리로 자유로이 헤엄을 치다가, 코끝에 뚫린 구멍들로 먹이를 찾아 목을 구부려 잡아먹는 조금 색다른 공룡이었던 듯합니다.

제1장
날카로운 이빨과 발톱으로 먹이를 노리는 사냥꾼 수각류

입은 새 부리 모양이고 육식 공룡의 상징인 날카로운 이빨은 없습니다. 오비랍토르는 몸집이 큰 동물을 노리는 육식 공룡이 아니라, 작은 동물이나 나무 열매 등 여러 가지 먹이를 먹는 잡식 공룡이었을 것으로 보여요.

1920년대에 오비랍토르의 첫 화석과 함께 공룡의 알이 여럿 든 둥지가 나왔어요. 연구자들은 이 공룡이 남의 알을 훔쳐 먹으러 왔다 죽었다고 여기고 오비랍토르(알 도둑)라는 이름을 붙였습니다. 하지만 1993년, 오비랍토르와 가까운 종류인 키티파티(Citipati)의 화석이 나오면서 새로운 사실이 밝혀졌습니다. 키티파티는 마치 자기 알을 지키려는 듯 알을 감싸고 엎어져 죽어 있었거든요. 덕분에 오비랍토르 역시 알을 돌보다가 죽었다고 짐작할 수 있게 되었습니다. 첫 발견으로부터 70년이나 지나서야 알 도둑 누명을 벗은 셈입니다.

알을 지켰을 뿐인데 도둑으로 몰린 거래!

정말?

OVIRAPTOR
오비랍토르

분류
수각류

이름의 뜻 알 도둑

처음으로 발견된 화석이 프로토케라톱스의 알로 보이는 화석과 함께 있어서 알을 훔쳐 먹으러 왔다가 죽은 것으로 여겨졌다.

살던 때

| 트라이아스기 | 쥐라기 | 백악기 전기 | **백악기 후기** |

화석이 나온 곳
몽골, 중국(내몽골자치구)

크기
키 0.5~1m
몸길이 0.91~1.6m

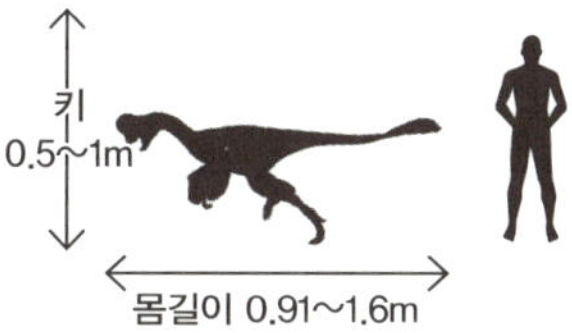

제1장 날카로운 이빨과 발톱으로 먹이를 노리는 사냥꾼 수각류

흰개미를 잡을 때 쓰려고 발톱을 딱 1개만 커다랗게 키웠대!

정말?

두 두 두두두

크기
키 약 1m
몸길이 약 1~1.2m

화석이 나온 곳
몽골, 중국(내몽골자치구)

MONONYKUS
모노니쿠스

분류
수각류

이름의 뜻 하나의 발톱

앞다리에 발가락이 1개밖에 없어 이런 이름이 붙었다. 처음에는 '모노니쿠스(Mononychus)'였으나, 이미 곤충 바구미에게 붙여진 이름이라고 밝혀져, 철자만 다른 이름이 되었다.

살던 때

| 트라이아스기 | 쥐라기 | 백악기 전기 | **백악기 후기** |

몸집이 작고 재빠르며 새처럼 깃털이 난 공룡이에요. 입은 새 부리 같았고 아주 작지만 날카로운 이빨이 드문드문 나 있었습니다. 또 눈이 크다는 점도 특징이에요. 그래서 몇몇 연구가는 모노니쿠스가 적에게 잘 들키지 않는 밤에 주로 활동하며 밤눈이 밝은 야행성 공룡이었다고 주장하기도 해요.

앞다리는 아주 짧으며, 다른 발가락은 퇴화하고 이름 그대로 딱 1개만 남았어요. 1개뿐인 발가락 끝에 달린 갈고리발톱은 길이가 7.5센티미터로, 몸집에 비해 제법 큽니다. 그렇다면 모노니쿠스는 이 갈고리발톱을 과연 어디에 썼을까요?

많은 학자가 의견을 냈지만, 몇몇은 '썩은 나무나 흙 속에 지어진 흰개미 집을 부수는 데 썼다'라고 주장해요. 이 공룡처럼 커다란 갈고리발톱을 지닌 개미핥기의 습성을 보고 짐작한 것이지요. 고기를 베어 내고 찢을 수 있는 큼직하고 뾰족한 이빨은 없지만, 개미핥기처럼 혀가 길어 흰개미 같은 곤충을 잡아먹었을지도 모릅니다.

TROODON
트루돈

분류: 수각류

이름의 뜻: 상처 난 이빨

지름이 약 18밀리미터인 10원짜리 동전보다 작은 크기의 날카로운 톱니 이빨이 잔뜩 나 있어 붙은 이름이다.

살던 때: 백악기 후기 (트라이아스기 / 쥐라기 / 백악기 전기 / 백악기 후기)

트루돈은 몸이 날렵하고 앞발 끝에 뾰족한 갈고리발톱이 나 있으며, 뒷발 2번째 발가락에도 크게 휘어진 갈고리발톱이 있어요. 이 무기들로 곤충이나 물고기, 작은 공룡 등을 잡아먹는 육식 공룡이었던 것으로 보입니다.

몸 크기에 비해 뇌가 꽤 컸는데, 트루돈보다 덩치가 더 큰 오늘날의 새인 에뮤와 뇌 크기가 비슷할 정도였어요. 뇌가 크다고 반드시 똑똑하지는 않지만, 새들과 지능이 비슷했을 트루돈은 가장 머리가 좋은 공룡으로 알려져 있어요.

여러분은 공룡이 지금도 살아 있다고 상상해 본 적이 있나요? 캐나다의 고생물학자인 데일 러셀(Dale Russel) 박사는 트루돈을 모델로 삼아, 인간처럼 진화한 공룡인 '공룡 인간'을 만들었어요. 혹시 공룡이 사라지지 않았다면 인간 대신에 트루돈의 자손이 지구에 엄청난 문명을 일궈 냈을지도 모릅니다.

제1장
날카로운 이빨과 발톱으로 먹이를 노리는 사냥꾼 수각류

이름에 들어 있는 '미크로(매우 작다)'에서도 알 수 있듯, 미크로랍토르는 아주 자그마한 공룡입니다. 입에 뾰족한 이빨이 자잘하게 나 있었지만, 도마뱀을 통째로 삼킨 화석이 발견된 것으로 보아 먹이를 잘근잘근 씹어 먹지는 않았을 거라고 해요. 먹이가 입에 들어가는 대로 꿀꺽 삼키는 육식 또는 잡식 공룡이었을 것입니다.

'칼깃'이 앞다리와 뒷다리에 나 있는 미크로랍토르는 몸이 작고 가벼워 하늘을 날아다니며 살았다고 해요. 하늘을 날 때 새처럼 날갯짓하는 대신, 양쪽 앞다리와 뒷다리를 쫙 펼치고 나무에서 나무 사이를 글라이더처럼 날아 내려왔을 것입니다. 뒷다리를 비행기의 꼬리 날개처럼 똑바로 세우고 날았을 거라는 의견도 있어요.

미크로랍토르는 화석이 많이 발견된 공룡이에요. 덕분에 학자들은 미크로랍토르를 깊이 연구할 수 있었지요. 깃털이 비단벌레처럼 무지갯빛으로 반짝거리는 까만색이었다는 사실도 밝혀졌답니다.

영화 속 슈퍼 영웅들처럼 몸이 날쌔고 재빨랐대! 정말?

미크로랍토르
MICRORAPTOR

분류: 수각류

이름의 뜻: 아주 작은 약탈자

화석이 나왔을 때만 해도 가장 작은 공룡이었기 때문에 이런 이름이 붙었다. 미크로랍토르보다 작은 공룡은 지금까지도 거의 없다.

살던 때: 트라이아스기 / 쥐라기 / **백악기 전기** / 백악기 후기

화석이 나온 곳: 중국

크기: 키 약 0.3m, 몸길이 0.77m~0.9m

59

제1장
날카로운 이빨과 발톱으로 먹이를 노리는 사냥꾼 수각류

공룡에 조금이라도 관심이 있다면 '티라노사우루스'를 모를 리 없겠지요. 공룡 시대가 끝날 무렵에 등장한 티라노사우루스는 공룡을 통틀어 가장 큰 육식 공룡입니다.

머리는 다른 육식 공룡의 머리보다 크고 폭이 넓어요. 턱은 아주 다부지고, 입속에는 바나나처럼 두툼하고 길쭉한 이빨이 죽 늘어서 있습니다. 이 공룡의 가장 큰 특징은 바로 '무는 힘'입니다. 턱 구조에서 계산한 근육량으로 미루어 보면, 티라노사우루스는 먹이의 뼈까지 와드득 부숴 버릴 만큼 무는 힘이 강력했을 거라고 합니다. 턱 힘이 어찌나 센지, 몸집이 비슷한 다른 육식 공룡이나 악어의 턱 힘과는 상대도 안 된답니다.

이처럼 턱과 이빨은 무시무시하지만, 앞다리는 놀랄 만큼 보잘것없어요. 발가락도 고작 2개라 사냥에는 쓰지 못했을 듯해요. 새로운 연구에 따르면 옛날에는 깃털이 난 공룡이 많았고, 티라노사우루스도 앞다리에 작은 날개가 있었을 거라고 해요. 어쩌면 이 날개로 자신을 멋지게 꾸미려 했을지도 모릅니다.

먹이를 뼈째 으깰 만큼 턱 힘이 강력했대!

진짜?

TYRANNOSAURUS
티라노사우루스

분류
수각류

이름의 뜻 폭군 도마뱀

티라노(Tyrannos)는 고대 그리스 말로 '폭군(사납고 나쁜 왕)'이라는 뜻이다. 화석을 바탕으로 추측한 살아 있을 때의 모습이 무척 사납고 무시무시해 이런 이름이 붙었다.

살던 때
| 트라이아스기 | 쥐라기 | 백악기 전기 | **백악기 후기** |

크기
키 3.8~4m
몸길이 12~12.5m

화석이 나온 곳
캐나다, 미국

제1장
날카로운 이빨과 발톱으로 먹이를 노리는 사냥꾼 수각류

티라노사우루스는 주로 무엇을 먹었을까요? 길고 날카로운 이빨을 보면 사냥감의 살점을 뜯어 먹었음을 알 수 있어요. 다만 살아 있는 먹잇감을 사냥했는지, 아니면 죽은 동물을 찾아 먹었는지 밝혀지지 않아 지금도 학자들 사이에서 의견이 엇갈린답니다.

최근에는 티라노사우루스에게 물렸다가 운 좋게 달아나 상처가 아문 듯한 공룡 화석도 발견되었어요. 가끔은 죽은 동물을 찾아다녔을지도 모르지만, 살아 있는 먹잇감을 주로 사냥했을 것입니다.

한편 앞니는 단단한 것도 우두둑 깨물어 부술 만큼 두껍고 튼튼해요. 이런 이빨은 오직 티라노사우루스에게서만 발견할 수 있어요. 또 끝이 비스듬하게 닳은 앞니 화석도 발견되었는데, 이러한 앞니 모양은 풀을 먹는 초식 공룡의 이빨에서 나타나는 특징이에요. 다시 말해 티라노사우루스는 고기뿐 아니라 나무 열매나 식물 따위도 먹는 잡식 공룡이었을 가능성이 크답니다.

한 걸음 더! 티라노사우루스의 독특한 앞니

앞니 단면을 보면 육식 공룡은 대부분 동그라미가 살짝 눌린 모양이지만, 티라노사우루스는 알파벳 글자 'D'처럼 생겼어. 또 이빨이 두툼해서 다른 동물의 뼈나 나무 열매처럼 단단한 것을 깨물어도 끄떡없었단다.

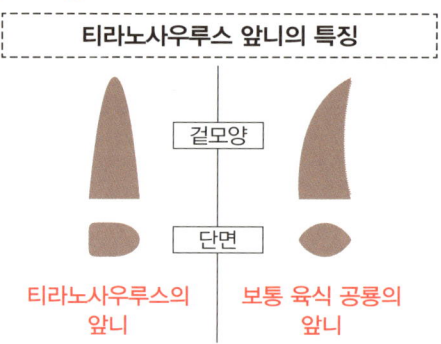

티라노사우루스 앞니의 특징
겉모양
단면
티라노사우루스의 앞니
보통 육식 공룡의 앞니

공룡 상식

공룡 화석이 만들어지는 과정

공룡 연구자들은 화석을 조사해서 공룡의 생김새를 알아냅니다. 그렇다면 공룡 화석은 어떻게 만들어지는 걸까요?

어떤 생물이 죽으면, 다른 생물이나 미생물에게 먹혀 낱낱이 분해됩니다. 하지만 바다나 호수 밑바닥 같은 곳에서는 미처 다 분해되기도 전에 모래나 흙으로 뒤덮이기도 해요. 또 땅에서 산사태가 일어나거나 화산이 터지면 죽은 모습 그대로 묻히기도 합니다.

공룡 화석은 이렇게 죽은 공룡의 몸이 땅속에 묻힌 후, 형체만 남기고 다른 물질로 변해 만들어진 것이랍니다.

땅속 깊숙이 묻혀 있던 공룡 화석은 지구의 가장 바깥층인 지각(地殼)이 움직일 때 지표면 바로 아래까지 밀려 올라오기도 해요. 이러한 곳에서 흙이 비바람에 깎여 나가거나 사람이 땅을 파내면서 화석이 발견되는 것이지요.

이 밖에도 석유 원유에 들어 있는 검은색 물질인 아스팔트(Asphalt)가 저절로 고인 '타르 구덩이(Tar pit)'에 빠지거나, 나뭇진이 땅속에서 누렇게 굳은 덩어리인 '호박(琥珀)'에 갇혀 만들어진 공룡 화석도 있답니다.

제2장
몸집이 어마어마하고 늘 풀을 뜯는 먹보 용각형류

에오랍토르는 중생대 트라이아스기 후기에 살았던 소형 공룡으로, 지금까지 알려진 공룡 가운데 가장 오래된 종류입니다. 지금까지 딱 1마리만 발견되었지만, 머리부터 꼬리까지 거의 모든 뼈가 이어진 채 고스란히 남아 있었다고 합니다.

몸길이는 약 1.5미터, 키는 40센티미터 정도로 몸집이 아담해요. 커다란 부리나 갈고리발톱이 없는 대신 몸이 가벼워 잽싸게 움직였을 거예요. 또 이빨이 무척 독특해요. 초식 공룡에게 많은 '나뭇잎 모양 이빨'과 육식 공룡에게 많은 '휘어진 이빨'이 모두 있었다고 합니다.

한때 에오랍토르는 곤충이나 파충류를 먹는 육식 공룡으로 알려졌지만, 새로운 연구에 따르면 잡식 공룡이었다고 해요. 또 처음에 학자들은 이 공룡을 '원시 수각류'로 여겼어요.

하지만 앞발의 커다란 엄지발가락 등이 용각형류가 진화할 때 보이는 특징과 같다고 밝혀졌지요. 지금은 에오랍토르를 가장 오래된 '용각형류'로 보게 되었답니다.

까마득히 머나먼 옛 시대에 살았대! 진짜?

제2장
몸집이 어마어마하고 늘 풀을 뜯는 먹보 용각형류

최근 연구에서 원래 공룡에 깃털이 있었고, 깃털투성이인 상태에서 조금씩 진화했다는 사실이 밝혀졌습니다. 아마도 체온을 늘 같게 유지하려고 몸을 깃털로 감쌌을 것입니다.

초기 공룡 시대에 나타난 공룡의 특징 중 하나는 눈이 크다는 점이에요. 낮에는 쉬고 밤에 활동하면서 야행성 소형 포유류나 포유류형 파충류를 먹이로 삼았을 거예요. 하지만 몸이 작은 공룡들은 밤에 기온

한 걸음 더!
깃털은 어떻게 진화했을까?

공룡의 몸에 처음으로 난 깃털은 속이 텅 빈 빨대처럼 생겼어. 하지만 공룡이 진화하면서 점점 복잡한 구조로 바뀌었지. 그러다가 드디어 하늘을 날 때 꼭 필요한 '칼깃'으로 발전했단다.

깃털이 진화한 과정

이 떨어지면 체온을 유지하기 어려웠어요. 밤에도 따뜻한 몸으로 움직이려면 깃털이 필요했겠지요. 어쩌면 포유류와 영향을 주고받으며 진화하다가 어느 날 공룡에게도 깃털이 돋아났을지도 몰라요.

또 공룡에게 깃털이 생기면서 새처럼 알을 품는 습성이 나타났을 가능성도 있어요. 그중 어떤 공룡들은 깃털을 거듭해서 발달시키다가 이윽고 조류로 진화했을 것입니다.

몸에 난 보송보송한 깃털로 추위를 견뎠대!

정말?

제2장
몸집이 어마어마하고 늘 풀을 뜯는 먹보 용각형류

커다란 위와 장 덕분에 아무리 먹어도 거뜬했대!

정말?

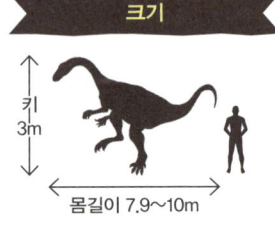

크기
키 3m
몸길이 7.9~10m

화석이 나온 곳
프랑스, 독일

PLATEOSAURUS
플라테오사우루스

분류	이름의 뜻	납작한 도마뱀

용각형류

몸통이 땅딸막하고 통통해서 붙은 이름이다. 트라이아스기에 나온 공룡 중 몸집이 가장 크다.

살던 때

트라이아스기	쥐라기	백악기 전기	백악기 후기

플라테오사우루스는 공룡 연구가 막 시작된 19세기 전반에 발견되었어요. 지금까지 50마리도 넘게 화석이 나온 덕분에, 학자들은 이 공룡을 여러모로 자세히 연구할 수 있었답니다.

처음에 플라테오사우루스는 몸집이 큰 탓에 4개의 다리로 걸었을 것으로 여겨졌어요. 하지만 앞다리 구조가 걷기에 알맞지 않다는 사실이 훗날 밝혀지면서, 뒷다리만으로 일어서 걸었다는 점을 알게 되었지요. 흔히 용각형류 공룡은 몸집이 너무 커서 느릿느릿 걸었다고 여기지만, 플라테오사우루스는 양쪽 뒷발로 서서 걸었고 제법 빠른 속도로 달릴 수도 있었다고 해요.

이빨은 나뭇잎과 비슷하게 생겼고 가장자리에 톱니가 있어요. 이러한 이빨은 식물을 잘게 씹을 수 있답니다. 또 생김새와 뼈대를 조사한 내용에 따르면, 위와 장을 합친 무게가 전체 몸무게의 4분의 1이나 차지했을 거라고 해요. 플라테오사우루스는 날마다 엄청나게 많은 식물을 먹어 치우고, 커다란 위와 장에서 쑥쑥 소화하면서 거대한 몸집을 유지했던 것으로 보입니다.

제2장
몸집이 어마어마하고 늘 풀을 뜯는 먹보 용각형류

어마어마하게 커다란 입으로 풀을 폭풍 흡입했대!

정말?

화석이 나온 곳
니제르

크기
키 약 2.4m
몸길이 9m

우적
우적

72

니게르사우루스

분류	이름의 뜻	니제르의 도마뱀

용각형류

아프리카의 니제르 공화국에서 화석이 발견되어 붙은 이름이다. 니제르의 땅은 80퍼센트가 사하라 사막이며, 이 공룡의 화석도 사막에서 나왔다.

살던 때

트라이아스기	쥐라기	백악기 전기	백악기 후기

니게르사우루스는 청소기에 달린 흡입구처럼 주둥이 끝이 넓적한 공룡입니다. 1997년에야 화석이 발견되었으니 공룡 연구의 역사를 생각하면 이제 막 세상에 알려진 셈이에요. 일본에서는 2009년에 국립과학박물관에서 열린 공룡 전시회에서 독특한 얼굴로 인기몰이를 했다고 해요.

넓적한 입에는 80개가 넘는 작은 이빨이 빽빽하게 나 있어요. 앞에 난 이빨 뒤에는 예비 이빨이 있어, 오래된 이빨이 닳아 빠지면 바로 새로운 이빨이 나온답니다. 이런 이빨 구조를 '덴털 배터리'라고 하는데, 주로 새들에게 많아요. 니게르사우루스의 입속에 있는 이빨은 예비 이빨까지 합하면 무려 500개나 된다고 합니다.

이 공룡은 목을 쭉 뻗으면 입이 아래를 향해서, 그대로 고개만 숙이면 풀을 한입 가득 뜯어 먹을 수 있었다고 해요. 실제로 보면 대형 잔디깎이 같은 모습이었을지도 모르겠네요.

MAMENCHISAURUS

마멘키사우루스

분류

용각형류

이름의 뜻 마멘키의 도마뱀

중국 쓰촨성의 '마멘키'라는 곳에서 화석이 처음 발견되어 붙은 이름이다. '마멘치사우루스'라고도 한다.

살던 때

| 트라이아스기 | 쥐라기 | 백악기 전기 | 백악기 후기 |

이 공룡의 특징은 몸을 반 넘게 차지하는 기다란 '목'입니다. 보통 용각류는 목뼈가 12개에서 17개 정도지만, 마멘키사우루스는 19개나 있어요. 목을 드높이 올려 까마득히 먼 곳까지 내다봤을 것 같지만, 아쉽게도 몸 구조상 목을 치켜들지는 못했답니다.

너무 길어서 잘 움직이지 못하는데도 용각류 공룡들의 목이 길어진 까닭은 무엇일까요? 여러 학자에 따르면, '다른 수컷이나 암컷에게 잘 보이기 위해서'라고 해요. 긴 목은 언뜻 무거워 보이지만, 뼛속이 거의 텅 비어 있어 오히려 가벼웠어요. 또 목을 이리저리 움직일 일이 없어 근육도 별로 필요하지 않았지요. 덕분에 몸집 크기에 맞춰 목을 얼마든지 쭉쭉 늘릴 수 있었답니다.

하지만 목이 너무 긴 탓에 숨쉬기도 힘들고 먹이를 먹을 때도 오래 걸렸겠지요? 좋은 점이라고는 정말 털끝만큼도 없어 보여요. 하지만 신기하게도 자연에서는 이처럼 단점뿐인 특징을 발달시킨 생물이 가끔 한 시대를 누리기도 한답니다.

제2장
몸집이 어마어마하고 늘 풀을 뜯는 먹보 용각형류

덩치가 너무 큰 나머지 제대로 걷지 못했다고 추측하는 학자도 있대!

진짜?

크기
키 약 4.5m
몸길이 약 21~23m

화석이 나온 곳
미국

APATOSAURUS
아파토사우루스

분류

용각형류

이름의 뜻 속이는 도마뱀

처음 발견된 뼈가 모사사우루스의 꼬리 쪽 뼈와 비슷해 사람들을 헷갈리게 한 데서 온 이름이다. 아파토(Apato)는 고대 그리스 말로 '속이다'라는 뜻이다.

살던 때

| 트라이아스기 | 쥐라기 | 백악기 전기 | 백악기 후기 |

아파토사우루스는 용각형류를 대표하는 초대형 공룡입니다. 몸무게는 30톤이나 되며, 전체적으로 뼈대가 굵고 묵직해 보인다는 점이 특징입니다. 긴 꼬리로 적을 물리쳤다고 해요. 발자국 화석으로 봐서는 큰 무리를 지어 살았던 듯해요. 전에는 기린처럼 기다란 목을 쭉 들어 올려 높은 나무 위 잎사귀를 뜯어 먹었다고 여겨졌지만, 사실은 머리를 그다지 높이 들지 못해 키 작은 식물 잎이나 물풀 등을 주로 먹었던 것으로 보입니다. 한때 용각형류 공룡은 지나치게 무거워 물속에서 살았다고 여겨졌어요.

하지만 코끼리와 비슷한 발 구조나 발자국 화석을 연구해 땅 위에서 살았다고 추측하게 되었지요. 가끔 뒷다리만으로 선 용각형류 공룡 뼈대를 전시해 둔 곳이 있는데, 실제로는 무게 때문에 다리뼈가 어긋날 수 있어 뒷다리만으로 일어서지는 못했을 것입니다.

제2장
몸집이 어마어마하고 늘 풀을 뜯는 먹보 용각형류

아파토사우루스의 원래 이름은 천둥 도마뱀이라는 뜻의 '브론토사우루스(Brontosaurus)'였어요. 우리나라에서는 한때 천둥 뇌(雷)를 써서 뇌룡(雷龍)이라는 이름으로 부르기도 했지요. 하지만 다음과 같은 사정으로 한순간에 이름이 바뀌고 말았답니다.

19세기 미국에 오스니얼 찰스 마시(Othniel Charles Marsh)와 에드워드 드링커 코프(Edward Drinker Cope)라는 고생물학자가 있었습니다. 둘은 경쟁이라도 하듯 화석을 찾아내 연구 결과를 적은 논문을 발표하면서 공룡에 이름을 붙였습니다. 국제동물명명규약에 따르면 먼저

한 걸음 더!
티라노사우루스도
이름이 바뀌었을지 모른다?

공룡 이름이 바뀌거나 없어지는 일은 실제로 아주 흔해. 그 유명한 티라노사우루스조차 '마노스폰딜루스(Manospondylus)'라는 공룡과 같은 종이라는 사실이 밝혀지면서 이름이 바뀔 뻔한 적이 있단다!

논문을 발표한 사람이 공룡 이름을 지을 수 있었어요. 그래서 논문에 조금 잘못이 있어도 크게 문제 삼지 않았다고 해요.

어느 날 마시는 어떤 공룡 화석을 발견하고, 그 공룡에 '브론토사우루스'라는 이름을 붙였습니다. 그런데 이 공룡은 훨씬 전에 코프가 발견해서 논문으로 발표했던 '아파토사우루스'의 어미라는 사실이 뒤에 밝혀졌어요. 국제동물명명규약에는 '먼저 지어진 이름을 따라야 한다'라고 정해져 있었기 때문에 브론토사우루스는 결국 아파토사우루스로 이름이 바뀌고 말았답니다.

이름이 갑자기 바뀌어 버렸대!

정말?

브론토사우루스

제2장
몸집이 어마어마하고 늘 풀을 뜯는 먹보 용각형류

브라키오사우루스는 쥐라기 때 북아메리카 대륙에 살았던 것으로 보이는 거대한 초식 공룡입니다. 「쥬라기 공원(Jurassic Park)」(1993) 같은 영화 등에 나와서인지 우리나라에서도 꽤 유명하지요.

몸길이는 약 18~21미터, 키는 9미터 정도로 보기에도 어마어마하지만, 몸무게도 30~50톤이나 나가요. 지금까지 발견된 공룡 가운데 가장 크고 무거운 공룡 중 하나로 알려져 있답니다.

보통 용각형류 공룡과는 달리, 브라키오사우루스는 앞다리가 뒷다리보다 길고 어깨도 엉덩이 부분보다 높이 올라가 있어요. 이러한 몸 구조 덕분에 목을 뻗치고 머리를 들어 올려 높은 곳에 자라는 식물을 먹을 수 있었지요. 하지만 최근 연구에 따르면 기린처럼 목을 똑바로 세우지는 못했을 거라고 해요. 이러한 특징은 브라키오사우루스를 비롯한 용각형류 공룡의 공통점이기도 합니다. 목을 높이 들어 올리지는 못했지만, 몸집이 크고 앞다리가 쭉 뻗어 있어 먹이를 잘 찾을 수 있었을 것입니다.

공룡 중 으뜸갈 만큼 키가 크고 몸이 무겁대!

진짜?

BRACHIOSAURUS
브라키오사우루스

분류

용각형류

이름의 뜻 팔 도마뱀

브라키오(Brachio)는 고대 그리스 말로 '팔'이라는 뜻이다. 어깨가 몸통에서 높은 곳에 있고 뒷다리보다 긴 앞다리 때문에 이런 이름이 붙었다.

살던 때

| 트라이아스기 | 쥐라기 | 백악기 전기 | 백악기 후기 |

크기

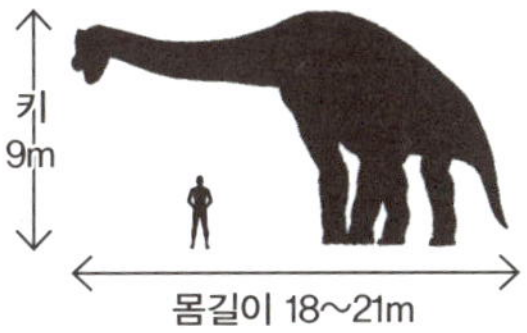

키 9m, 몸길이 18~21m

화석이 나온 곳

미국, 탄자니아

제2장
몸집이 어마어마하고 늘 풀을 뜯는 먹보 용각형류

한때 몇몇 연구자는 브라키오사우루스의 몸무게가 80톤이 넘는다고 추측했어요. 또 워낙 무거워서 땅 위가 아니라 연못이나 호수 같은 물속에서 살았다고 여긴 학자도 있었지요.

하지만 훗날 밝혀진 사실에 따르면, 이 공룡은 숨을 쉴 때 가장 중요한 '가로막'이라는 근육이 없어 물속에서 살았을 가능성은 매우 낮아요. 가로막이 없으면 물에 들어갔을 때 물이 누르는 힘 때문에 허파가 찌그러져 숨을 쉴 수 없기 때문이지요.

몸집이 거대한 브라키오사우루스가 육지에서 살 수 있었던 것은 허파와 통하는 얇은 막으로 된 주머니인 '기낭'이 몸 안에 있어서라고 합니다. 기낭은 조류가 숨을 쉴 때 필요한 기관으로, 주머니 안으로 공기가 드나들게 하여 호흡을 돕습니다. 이 공기주머니 덕분에 브라키오사우루스는 힘을 크게 들이지 않고도 움직일 수 있었다고 해요.

최근에는 새로운 방법으로 공룡의 몸무게를 구할 수 있어요. 이 계산법으로 브라키오사우루스의 몸무게를 구하면 23톤 정도로, 지금까지 알려진 것보다 훨씬 가볍다고 하네요.

몸을 가볍게 해 주는 '기낭'

공룡의 몸은 공기주머니와 비슷한 '기낭'으로 가득 차 있었어. 이 기관 덕분에 공룡은 숨도 잘 쉴 수 있었고, 큰 덩치에 비해 가벼운 몸무게를 유지할 수 있었다고 해.

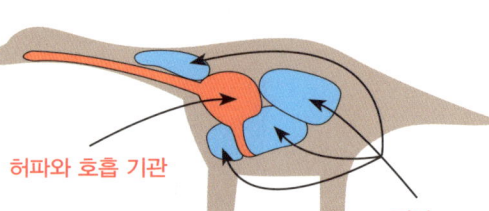

공룡 몸속의 기낭

허파와 호흡 기관

기낭

제2장
몸집이 어마어마하고 늘 풀을 뜯는 먹보 용각형류

아마르가사우루스는 용각형류치고는 몸집이 별로 크지 않아요. 또 용각형류에서는 드문 특징이 있는데, 가시처럼 생긴 돌기가 목에서 꼬리까지 등줄기를 따라 두 갈래로 나란히 솟아 있다는 점입니다.

가시는 케라틴(사람의 손톱이나 새의 부리를 이루는 단백질)으로 단단하게 덮인 뿔과 비슷했다고 해요. 등에 가시가 삐죽삐죽 돋아 있으면 육식 공룡도 쉽게 덤비지 못했을 거예요. 또 가시를 맞부딪히며 소리를 내어 적을 위협하거나 자기들끼리 신호를 주고받았을지도 모릅니다.

어떤 연구자에 따르면, 가시는 피부가 늘어나 얇게 변한 '피막'으로 감싸여 있었을 거라고 해요. 마치 배에 매달린 돛 같았겠지요? 어쩌면 피막에는 핏줄이 이리저리 뻗어 있어서 햇볕을 쬐거나 바람을 쐬면서 체온을 조절했을지도 몰라요.

지금까지 화석이 발견된 아마르가사우루스는 딱 1마리뿐입니다. 앞으로 더 많은 화석이 나온다면 이러한 수수께끼들을 언젠가 풀 수 있겠지요.

등줄기를 따라 뾰족한 돌기가 쭉 솟아 있었대!

정말?

아마르가사우루스
AMARGASAURUS

분류: 용각형류

이름의 뜻: 아마르가의 도마뱀

아르헨티나에 있는 '라 아마르가(La Amarga)' 계곡에서 화석이 발견되어 붙은 이름이다. 지금까지 딱 1마리의 화석만 나왔다.

살던 때: 백악기 전기 (트라이아스기 / 쥐라기 / 백악기 전기 / 백악기 후기)

크기: 키 2.7m, 몸길이 9~10m

화석이 나온 곳: 아르헨티나

덤비지 마!

제2장
몸집이 어마어마하고 늘 풀을 뜯는 먹보 용각형류

공룡 중 제일갈 만큼 덩치가 무지막지했대!

정말?

크기
키 7~8m
몸길이 약 30m 이상

화석이 나온 곳
아르헨티나

ARGENTINOSAURUS
아르젠티노사우루스

분류
용각형류

이름의 뜻 아르헨티나의 도마뱀

아르젠티노의 화석은 아르헨티나의 후인쿨 지층에서 발견되었다. 이를 기념하기 위해 나라 이름이 붙었다.

살던 때
| 트라이아스기 | 쥐라기 | 백악기 전기 | **백악기 후기** |

대형 공룡이 많은 용각형류 중에서도 몸집 크기로 으뜸가는 공룡이 바로 이 아르젠티노사우루스입니다. 발견된 화석은 등뼈와 정강이뼈 같은 몇몇 부분이라 전체 크기는 아직 알지 못하지만, 등뼈 너비가 130센티미터, 정강이뼈 길이는 155센티미터나 됩니다. 이 화석들로 미루어 보면 아르젠티노사우루스는 몸길이가 30~35미터, 몸무게는 80~100톤이었을 거라고 해요. 이 공룡은 백악기 후기에 땅 위에 살던 생물 중 가장 큰 동물이었을 것입니다. 연구자들도 가장 큰 공룡을 따질 때는 아르젠티노사우루스를 반드시 꼽는다고 합니다. 이처럼 덩치가 어마어마하니 육식 공룡들도 섣불리 덤비지 못했을 거예요. 지금은 이 공룡의 전체 크기나 생김새는 정확히 알 수 없어요. 하지만 그만큼 앞으로의 연구가 기대되는 공룡이랍니다.

제2장
몸집이 어마어마하고 늘 풀을 뜯는 먹보 용각형류

아르젠티노사우루스나 브라키오사우루스 같은 용각류 공룡은 목이 굉장히 두꺼워요. 이 공룡들은 양쪽을 건너질러 줄을 매단 '출렁다리' 같은 구조로 거대한 목을 떠받친다고 합니다.

용각류 공룡은 목을 등 쪽에서 인대(뼈나 관절을 잇는 질긴 띠)로 잡아당겨 올렸고, 목에 근육이 많지 않았다고 합니다. 목을 근육 힘으로 떠받치려면 아무래도 근육이 많아야 하니 목 전체가 무거워질 수밖에 없겠지요. 그래서 근육을 줄이는 영리한 방법으로 목을 가볍게 만든 뒤 출렁다리처럼 지탱했던 것으로 보입니다.

한 걸음 더!
출렁다리 같은 공룡의 몸 구조

공룡의 몸을 출렁다리라고 생각해 보자. 뒷다리와 허리뼈는 다리 무게를 버티는 기둥, 등뼈는 다리 위의 판, 인대는 다리를 끌어올리는 쇠줄과 같은 역할을 했어. 이러한 구조 덕분에 힘을 많이 들이지 않아도 기다란 목을 받칠 수 있었단다.

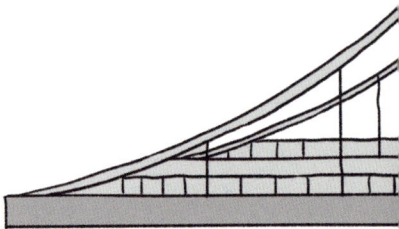

출렁다리 구조로 이루어진 공룡의 몸

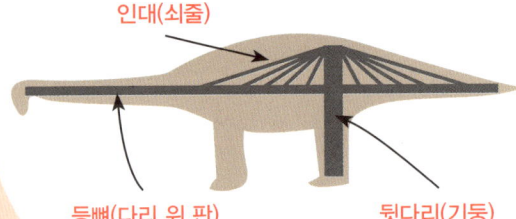

아르젠티노사우루스

용각류의 목은 근육이 적을 뿐 아니라 뼈도 가늘었습니다. 그 덕에 가볍기는 했지만 튼튼하지는 못했어요. 오늘날의 동물인 기린은 짝짓기 철이 오면 수컷끼리 목을 맞부딪히며 힘을 겨루는데, 이런 습성을 본 공룡 학자들은 한때 용각류들도 기린처럼 목을 부딪쳐 힘을 자랑했을 거라고 여겼어요. 하지만 가볍고 약한 목으로 기린처럼 겨뤘다가는 목이 그만 뚝 부러지고 말았겠지요? 그래서 지금은 아무도 목을 맞부딪혔을 거라고 여기지 않는답니다.

적은 힘으로도 기다란 목을 거뜬히 받쳤대 정말?

공룡 상식

언제부터 공룡을 연구했을까?

공룡 연구는 지금으로부터 약 200년 전에 본격적으로 시작되었어요. 머나먼 옛날에 '공룡'이라는 생물이 살았다는 사실을 처음 알아낸 사람은 과연 누구였을까요?

최초로 공룡이라는 존재를 세계에 알린 사람은 영국인으로, 기디언 맨텔(Gideon Mantell)이라는 의사와 윌리엄 버클랜드(William Buckland)라는 지질학자였어요. 1822년 어느 날, 우연히 커다란 이빨 화석을 발견한 맨텔은 화석 속 이빨이 오늘날의 초식성 도마뱀인 '이구아나'의 이빨과 비슷하다는 사실을 깨달았어요. 그리고 1825년에 그 동물에게 '이구아노돈(Iguanodon)'이라는 이름을 붙였지요.

한편 이보다 1년 앞선 1824년, 뾰족한 이빨이 난 동물의 턱 화석을 조사하던 버클랜드는 화석 속 동물에게 '메갈로사우루스(Megalosaurus)'라는 이름을 지어 주었어요.

얼마 뒤, 영국의 고생물학자 리처드 오언(Richard Owen)은 이구아노돈과 메갈로사우루스에 비슷한 특징이 있다는 점을 깨달았어요. 앞으로 이런 동물들을 디노사우르(무서운 도마뱀), 다시 말해 '공룡(恐龍)'으로 부르자고 했지요. 이로써 전 세계에서 공룡 연구가 막을 올리게 되었답니다.

이구아노돈

제3장

뼈로 된 단단한 방패를 몸에 두른 장수

장순류

제3장
뼈로 된 단단한 방패를 몸에 두른 장수 장순류

뼈로 된 방패를 두르고도 쏜살같이 달아날 수 있었대!

정말?

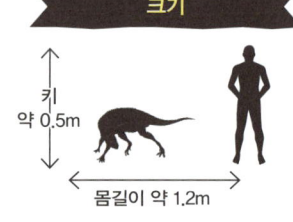

크기
키 약 0.5m
몸길이 약 1.2m

화석이 나온 곳
미국

SCUTELLOSAURUS
스쿠텔로사우루스

분류
장순류

이름의 뜻 작은 방패 도마뱀

온몸을 뒤덮은 자그마한 뼈 판이 몸을 지키는 방패처럼 보여 이런 이름이 붙었다. 등줄기에도 세모꼴 뼈 판이 늘어서 있다.

살던 때
| 트라이아스기 | 쥐라기 | 백악기 전기 | 백악기 후기 |

스쿠텔로사우루스는 공룡 시대 초기에 나타난 공룡이에요. 이름의 뜻에서 풀이한 것처럼, 다 합치면 300개도 넘는 작은 뼈 판이 온몸을 감싸고 있습니다. '피골(皮骨)'이라고도 하는 이 뼈 판은 피부가 뼈처럼 단단하게 바뀐 비늘 조직이에요. 오늘날의 동물인 악어도 등이 뼈 판으로 덮여 있지요. 또 나뭇잎처럼 생긴 이빨로 미루어 보면 초식 공룡이었음을 알 수 있습니다.

장순류 공룡은 거의 덩치가 크고 몸집이 튼실하지만, 스쿠텔로사우루스는 다 자란 진돗개보다도 조금 작은 데다가 긴 꼬리는 길이가 전체 몸길이의 60퍼센트를 차지해요. 몸이 가늘고 가벼워서 긴 꼬리로 중심을 잡으며 뒷발로 걸어 다녔던 것으로 보여요.

뼈 판으로 몸을 휘감기는 했어도 몸집이 작아 커다란 육식 공룡에게는 한 입 거리였을 거예요. 몸이 날렵해서 적이 쫓아오면 잽싸게 달아났겠지만, 그리 크지 않은 적이라면 꼬리를 채찍처럼 휘둘러 물리쳤을지도 모릅니다.

제3장
뼈로 된 단단한 방패를 몸에 두른 장수 장순류

목이 어찌나 긴지 머리가 높은 곳에도 거뜬히 올라갔대!

정말?

화석이 나온 곳
포르투갈

좋겠다~!

크기
키 알 수 없음
몸길이 5.5~6.6m

MIRAGAIA
미라가이아

분류

장순류

이름의 뜻 놀라운 지구

포르투갈의 미라가이아(Miragaia)라는 곳에서 화석이 발견되어 붙은 이름이다. '가이아'는 그리스 신화에 나오는 대지(지구)의 여신이자 신들의 어머니다.

살던 때

| 트라이아스기 | 쥐라기 | 백악기 전기 | 백악기 후기 |

미라가이아는 장순류 중에서도 등과 꼬리에 칼처럼 뾰족한 뼈 판과 가시가 있는 '검룡류(劍龍類)' 공룡이에요. 뼈 판은 목부터 꼬리 중간까지 등을 따라 2줄로 나 있습니다. 같은 검룡류인 스테고사우루스와 뼈 판을 비교하면 크기는 작아도 수는 더 많아요. 꼬리 끝에는 날카로운 가시가 달려 있는데, 이 꼬리를 무기처럼 휘둘러 자신을 덮친 적을 쫓기도 했습니다.

목 길이는 다른 검룡류보다 훨씬 긴 1.5미터로, 전체 몸길이의 25퍼센트를 차지했어요. 목뼈 수도 보통 검룡류는 10~13개인데 미라가이아는 17개로 검룡류 중 가장 많았습니다. 이 공룡보다 목뼈가 많은 공룡은 마멘키사우루스처럼 목이 엄청나게 긴 용각류라고 해요.

검룡류는 대부분 머리를 땅에 숙이고 낮게 자라는 식물을 먹었다고 합니다. 하지만 목이 긴 미라가이아는 키가 큰 식물 등 보통 검룡류와는 다른 먹이를 먹었다고 해요.

제3장
뼈로 된 단단한 방패를 몸에 두른 장수 장순류

꼬리 가시로 상대의 살을 뚫고 뼈까지 찔렀대!

진짜?

크기
키 2~2.5m
(뼈 판 높이까지 합치면 3m 이상)
몸길이 7~9m

화석이 나온 곳
미국

STEGOSAURUS
스테고사우루스

분류	이름의 뜻	지붕 도마뱀

장순류

처음 화석을 발견했을 때 뼈 판이 아마도 '지붕'처럼 등을 덮고 있었을 것으로 추측한 학자들이 붙인 이름이다.

트라이아스기	쥐라기 (살던 때)	백악기 전기	백악기 후기

검룡류를 대표하는 공룡인 스테고사우루스는 몸길이가 7~9미터로, 검룡류 중에서 몸집이 가장 커요. 반대로 머리는 작은 편이고 뇌는 겨우 호두만 했다고 합니다.

이 공룡의 가장 큰 특징은 등에 솟은 뼈 판과 꼬리에 달린 가시입니다. 등을 빼곡히 덮은 뼈 판은 아프리카코끼리의 귀처럼 열을 내보내 몸을 식히는 역할을 했던 듯해요.

최신 연구에 따르면 뼈 판은 스테고사우루스가 다 자라도 계속 커졌다고 합니다. 다른 수컷이나 암컷에게 멋지게 보이는 데 썼을 거라고도 하고요. 뼈 판으로 적을 공격하거나 자신의 몸을 지켰다고 주장하는 학자도 있지만, 충격에 약하고 잘 부서지는 뼈 판을 무기로 썼을 가능성은 적어요. 싸움에서는 뼈 판이 아니라 꼬리에 달린 가시 4개를 무기로 썼을 거예요. 날카로운 가시가 달린 꼬리를 힘껏 휘둘러 상대의 살과 뼈를 뚫어 버렸을지도 모릅니다.

제3장
뼈로 된 단단한 방패를 몸에 두른 장수 장순류

스테고사우루스는 굉장히 유명한 공룡이지만, 밝혀진 사실은 의외로 그리 많지 않아요. 무엇을 먹으며 살았는지조차 아직 잘 모르지요. 육식 공룡은 아니니 초식이나 잡식 공룡이겠지만, 몸 구조를 보면 그마저도 아닌 듯합니다. 턱을 움직이는 근육이 조금밖에 없고, 씹는 힘도 약했기 때문이지요. 게다가 이빨이 겨우 햄스터 이빨만 해서 아마도 식물을 먹지는 못했을 것입니다.

그러면 대체 무엇을 먹었을까요? 몇몇 학자에 따르면, 다른 공룡의 '똥'을 먹었다고 합니다. 동물이 싼 똥은 식물보다 부드럽고 구하기도

한 걸음 더!
똥을 먹었다고
추측하는 이유

머리뼈를 조사해 보니, 스테고사우루스는 씹는 힘이 약했다는 사실을 알 수 있었어. 이빨도 작고 거의 닳지 않아서 식물을 뜯어 먹거나 꼭꼭 씹어 삼켰을 가능성은 매우 낮다고 해.

> 배설물을 먹이로 삼았다고 보는 이유

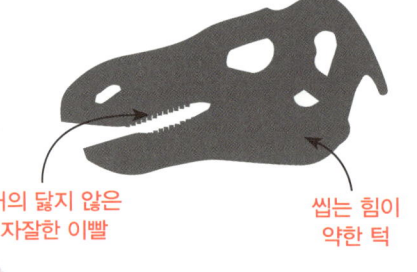

거의 닳지 않은 자잘한 이빨

씹는 힘이 약한 턱

맛있겠다

쉽기 때문이에요. 이빨이 작고 씹는 힘이 약해도 먹을 수 있고, 나름대로 영양가도 있고요. 스테고사우루스에게 딱 맞는 먹이였을 듯합니다.

아무리 추측이라고는 해도 '스테고사우루스가 똥을 먹었다'니. 믿기지 않지요? 하지만 똥을 먹어서 치워 주는 동물은 생태계에서 굉장히 중요해요. 또 자기가 싼 똥을 가끔 주워 먹는 토끼처럼, 자연에는 똥을 먹는 습성이 있는 동물이 그리 드물지만은 않답니다.

배가 고플 때는 오물오물 똥을 먹었대!

정말?

제3장
뼈로 된 단단한 방패를 몸에 두른 장수 장순류

몸이 고스란히 남은 화석이 여럿 나온 덕분에, 생김새와 습성이 자세하게 밝혀진 공룡이에요. 적으로부터 몸을 지키려고 온몸을 뼈 판이나 비늘로 덮은 '갑옷 공룡'이자 '곡룡류(曲龍類)'이지요. 머리부터 어깨까지 큼직한 뼈 가시가 4쌍 돋아 있었고 특히 어깨에 난 가시가 컸습니다. 갑옷 공룡 중에는 꼬리 끝에 뼈 망치를 매단 공룡도 있지만, 사우로펠타는 꼬리가 곧고 뼈 망치는 없었다고 해요.

몸집이 큰 데다가 갑옷으로 몸을 꼭꼭 감싸 다 자란 사우로펠타와 싸워 이길 수 있는 육식 공룡은 많지 않았을 거예요. 화석에서 데이노니쿠스 같은 육식 공룡에게 당한 흔적이 나오기는 했지만, 목숨을 잃을 만큼 심한 상처가 아니라서 아마도 죽은 뒤에 생긴 자국일 가능성이 큽니다.

뼈 가시 4쌍은 무시무시해 보이지만 쉽게 부스러지고 약했다고 해요. 몸통 박치기로 적의 몸을 꿰뚫는 무기가 아니라, 몸을 커다랗게 보여 적이 쉽게 공격하지 못하도록 하는 도구였을 것입니다.

가시가 어찌나 무시무시한지 육식 공룡도 함부로 못 덤볐대! 정말?

SAUROPELTA
사우로펠타

분류	이름의 뜻	방패 도마뱀
장순류		단단한 방패 같은 뼈 판으로 온몸이 덮여 있어 이런 이름이 붙었다. 중국에서는 방패로 된 갑옷을 입은 용이라는 뜻의 '순갑룡(楯甲龍)'이라고 부른다.

살던 때: 트라이아스기 | 쥐라기 | **백악기 전기** | 백악기 후기

화석이 나온 곳: 미국

크기: 키 약 1.6m, 몸길이 5.2~6m

이~잉, 저리 가!

어디 한번 덤벼 보시지!

101

제3장
뼈로 된 단단한 방패를 몸에 두른 장수 장순류

가시투성이 갑옷 덕분에 적들도 함부로 달려들지 못했대!

정말?

크기
키 1.7~2m
몸길이 4~7m

화석이 나온 곳
영국

POLACANTHUS
폴라칸투스

분류

장순류

이름의 뜻 수많은 가시

목부터 등에 걸쳐 뾰족한 가시가 다닥다닥 나서 붙은 이름이다. 꼬리 위에도 작은 가시들이 잔뜩 달려 있다.

살던 때

| 트라이아스기 | 쥐라기 | **백악기 전기** | 백악기 후기 |

폴라칸투스는 갑옷 공룡 중에서도 이른 시기에 나타났어요. 여느 갑옷 공룡처럼 단단한 뼈 판과 잔뜩 돋은 날카로운 가시로 몸을 지켰습니다. 허리 위는 가시 대신에 커다란 뼈 판으로 덮여 있었어요. 왜 허리에만 가시가 없었는지는 아직 모른다고 해요.

처음 나온 화석에서는 꼬리 끝에 뼈 망치가 없어 노도사우루스 (*Nodosaurus*)라는 갑옷 공룡으로 분류되었어요. 하지만 머리뼈가 안킬로사우루스의 머리뼈와 비슷하게 생겼다는 점이 조사에서 밝혀지면서, 안킬로사우루스류에 들어가게 되었답니다.

폴라칸투스는 갑옷 공룡이기는 하지만, 꼬리 끝에 가시나 뼈 망치 같은 무기는 없어요. 적이 덮쳐 오면 약점인 배를 공격하지 못하도록 웅크린 채 적이 포기할 때까지 버티는 기술을 주로 썼을 것으로 보입니다. 아무리 육식 공룡이라도 빽빽하게 돋은 가시에 찔릴까 봐 폴라칸투스에게 마구 덤벼들지는 않았을 거예요.

제3장
뼈로 된 단단한 방패를 몸에 두른 장수 장순류

안킬로사우루스는 갑옷 공룡이자 곡룡류에 들어가는 초식 공룡이에요. 갑옷 공룡 가운데 몸집이 가장 크고 몸길이가 6~8미터나 됩니다. 몸집은 땅딸막하고, 짧지만 튼튼한 4개의 다리로 걸었어요. 생김새만 보면 온몸에 기왓장 같은 비늘을 두른 아르마딜로 같아요. 머리부터 꼬리까지 뼈 판으로 빈틈없이 메워져 마치 갑옷을 입은 것처럼 보였을 거예요. 바로 이런 모습 때문에 안킬로사우루스류 공룡을 '갑옷 공룡'이라고 부른답니다.

뼈 판은 눈꺼풀 위에도 붙어 있어서 눈처럼 중요한 부위도 아주 잘 지킬 수 있었어요. 입에는 앵무새처럼 부리가 있어 식물을 뜯어 먹었고요. 이빨은 수도 적고 들쭉날쭉해서 먹이를 씹지 않은 채 꿀꺽 삼켰다고 해요.

꼬리 끝에 달린 둥그스름한 뼈 망치는 적과 싸울 때 무기로 썼다고 해요. 안킬로사우루스는 적을 만나면 꼬리를 휙휙 돌리다가 뼈 망치로 퍽 하고 상대를 때려눕혔을지도 모릅니다.

화석이 나온 곳
캐나다, 미국

안킬로사우루스
ANKYLOSAURUS

분류
장순류

이름의 뜻 연결된 도마뱀

안킬로(Ankylo)란 '연결' 또는 '이어지다'라는 뜻이다. 등에 솟은 뼈 판이 하나로 이어진 것처럼 보여 붙은 이름이다.

살던 때
| 트라이아스기 | 쥐라기 | 백악기 전기 | **백악기 후기** |

온몸이 딱딱한 뼈 판으로 빼곡히 덮여 있었대!

정말?

크기
키 약 1.7m
몸길이 6~8m

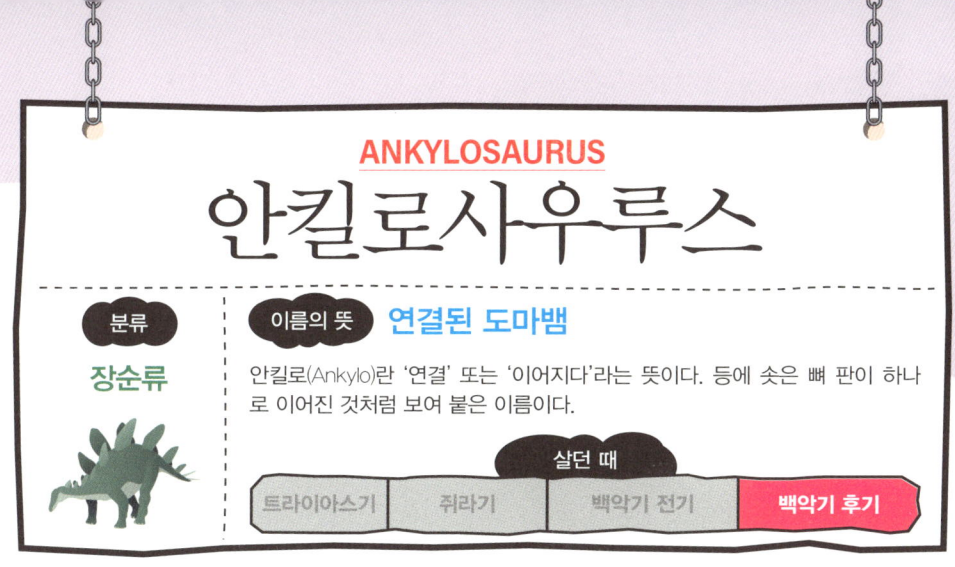

제3장
뼈로 된 단단한 방패를 몸에 두른 장수 장순류

안킬로사우루스류 공룡에는 온몸을 뼈 판으로 감싸 '방어력'을 높인 공룡이 많습니다. 안킬로사우루스류 공룡에는 노도사우루스와 유오플로케팔루스(*Euoplocephalus*) 등이 있지만, 특징이 저마다 달라요. 예를 들면 노도사우루스의 뼈 판은 속이 꽉 차 있어 쉽사리 망가지지 않고 오래 쓸 수 있어요. 반대로 안킬로사우루스의 뼈 판은 속이 텅 비어 그리 튼튼하지 못하지만, 가벼워서 다니기 편하다는 장점이 있습니다. 즉 재빠르게 움직일 수 있는 '기동력'이 뛰어났던 것이지요.

한 걸음 더!
뼈 망치의 또 다른 쓰임새

꼬리 끝에 달린 뼈 망치는 공룡이 어릴 때는 작았지만 성장하면서 점점 커졌어. 안킬로사우루스는 이 뼈 망치를 무기로 썼을 뿐 아니라, 짝을 찾을 때 다른 수컷이나 암컷에게 멋지고 힘세게 보이려고 썼을지도 모른다고 해.

안킬로사우루스 꼬리의 뼈 망치

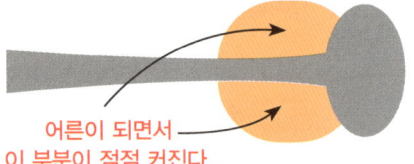

어른이 되면서 이 부분이 점점 커진다.

앞에서도 다뤘지만, 안킬로사우루스류 공룡은 꼬리에 달린 커다란 뼈 망치를 무기처럼 썼을 거라고 해요. '공격력'도 갖췄던 셈이지요. 몸이 자라면 뼈 망치도 함께 커졌다고 합니다. 아직 어릴 때는 적에 맞서지 않고 나무나 바위 뒤에 숨어 있었을 거예요. 이처럼 안킬로사우루스는 방어력과 기동력은 물론, 공격력까지 고루 갖춘 공룡이었답니다.

공격력, 방어력, 기동력이 모두 뛰어나대!

진짜?

공룡 상식

공룡에 이름을 붙이는 방법

모든 공룡에는 '학명'이라는 세계 공통 이름이 있습니다. 옛 로마에서 쓰던 말인 '라틴어'로 지어요. 나라에 따라서는 그 나라 말로도 이름을 붙여요. 그래서 우리나라에서 발견된 공룡은 이름이 2개 있지요. 예를 들어 '부경고사우루스 밀렌니우미(Pukyongosaurus millenniumi)'의 우리말 이름은 '천년부경룡(千年釜慶龍)'이에요. 부경대학교 발굴팀이 1999년에 화석을 찾아 새천년을 맞이하는 2000년에 발표하면서 붙인 이름이랍니다.

이처럼 공룡에 이름을 붙일 수 있는 자격은 누구에게 있을까요? 정답은 바로 '공룡 화석을 찾아 정식으로 발표한 사람'이에요. 공룡 이름은 화석을 발견한 사람이나 그의 가족 이름, 화석이 나온 곳과 관련된 말로 지을 때가 많아요. 이 밖에도 공룡 몸의 특징을 이름으로 삼거나, 공룡과 비슷하게 생긴 동물 이름에서 따오기도 해요. 신이나 전설 속 괴물의 이름과 비슷한 공룡 이름도 있답니다.

여러 가지 공룡 이름

발견된 곳이나 발견자의 이름이 들어간 공룡	• 부경고사우루스(Pukyongosaurus): 부경대학교 발굴팀에서 찾은 도마뱀 • 아구스티니아(Agustinia): 아구스틴(발견자 이름)의 도마뱀 • 유타랍토르(Utahraptor): 유타(발견된 지역 이름)의 약탈자
몸의 특징을 이름으로 삼은 공룡	• 이구아노돈(Iguanodon): 이구아나의 이빨 • 데이노니쿠스(Deinonychus): 무시무시한 발톱 • 트리케라톱스(Triceratops): 뿔이 3개 달린 얼굴
신이나 전설 속 괴물의 이름을 붙인 공룡	• 가르고일레오사우루스(Gargoyleosaurus): 가고일(용 모양을 한 괴수) 도마뱀 • 사우로포세이돈(Sauroposeidon): 도마뱀 포세이돈(그리스 신화 속 바다의 신) • 스티기몰로크(Stygimoloch): 스틱스(그리스 신화에 나오는 저승의 강)의 몰로크(악마 이름)

제4장

머리와 목을 화려한 장식으로 꾸민 멋쟁이

주식두류

제4장
머리와 목을 화려한 장식으로 꾸민 멋쟁이 주식두류

보통 각룡과는 다른 자기만의 방식으로 진화했대!

진짜?

화석이 나온 곳
러시아, 몽골, 중국, 태국

크기
키 0.6~1m
몸길이 1~2m

PSITTACOSAURUS
프시타코사우루스

| 분류 | 이름의 뜻 | 앵무 도마뱀 |

주식두류

앵무새처럼 짧고 두툼한 부리 때문에 붙은 이름이다. 프시타코(Psittaco)는 '앵무새'라는 뜻이다.

살던 때: 트라이아스기 / 쥐라기 / **백악기 전기** / 백악기 후기

프시타코사우루스는 백악기 전기에 살던 소형 초식 공룡이에요. 머리에 뿔도 없고 목덜미에 부채처럼 펼쳐진 프릴도 없지만 '뿔 공룡'인 각룡류(角龍類)에 들어갑니다. 앵무새 부리처럼 생긴 입도 각룡류의 특징이기 때문이지요. 고생물학자들은 이 공룡을 처음 발견했을 때 아직 진화를 덜한 원시 각룡으로 여겼어요. 하지만 앞발 발가락이 여느 각룡의 앞발 발가락보다 작다는 점 등 프시타코사우루스만의 특징이 여럿 있어, 지금은 초기 각룡류와는 다르게 진화한 독특한 종으로 본다고 합니다.

최대 몸길이는 2미터 정도이며 뒷다리로 서서 걸었어요. 부리가 튼튼하고 씹는 힘이 좋아 질긴 잎이나 씨앗 등 식물을 주로 먹었던 것으로 보입니다. 진화한 각룡은 입속에 덴털 배터리가 있어 닳아 버린 이빨을 새 이빨로 바꿀 수 있었지만, 프시타코사우루스는 이 장치가 없었습니다. 그래서 식물을 대충 씹어 삼킨 뒤, 타조 같은 새들처럼 위 속에 모아 둔 돌인 위석으로 잘게 부수며 소화했다고 해요.

제4장
머리와 목을 화려한 장식으로 꾸민 멋쟁이 주식두류

한때 연구자들은 이 공룡이 모여 살지 않고 따로 떨어져 살았다고 여겼어요. 화석이 1마리씩 발견될 때가 많았기 때문이에요.

하지만 2004년에 어미 1마리와 갓 태어난 새끼 34마리의 화석이 한꺼번에 나오면서 무리로 살았다는 사실이 밝혀졌어요. 이 발견으로 조반목 공룡도 오비랍토르 같은 용반목 수각류 공룡처럼, 부모가 자식을 돌봤다고 추측할 수 있게 되었지요. 어쩌면 거의 모든 공룡이 몸에는 깃털이 나 있었고, 새처럼 어미가 새끼를 키우는 습성을 지녔을지도 모릅니다.

한 걸음 더!
미라처럼 바싹 말라 발견된 공룡

프시타코사우루스의 몸 색깔은 피부 화석이 발견되면서 자세히 밝혀졌어. 피부까지 잘 보존된 화석은 굉장히 드물단다. 2011년에는 캐나다에서 곡룡류인 노도사우루스의 미라 화석이 나오기도 했지.

프시타코사우루스의 피부 화석에서는 등 쪽은 색이 짙고 배 쪽은 색이 옅다는 사실도 밝혀졌어요. 빛이 직접 닿는 부분과 닿지 않는 부분의 색을 달리해 육식 공룡의 눈을 속인 것이지요. 이런 위장 기술은 초원 지대에 있는 모래땅보다는 수풀이 우거진 곳에서 더욱 효과가 좋아서 이 공룡이 일단 숨으면 거의 찾을 수 없었을 거라고 해요. 그래서 연구자들은 프시타코사우루스가 숲속에서 살았을 거라고 추측하고 있답니다.

겉모습을 바꾸면서 적의 눈을 감쪽같이 속였대! 정말?

제4장
머리와 목을 화려한 장식으로 꾸민 멋쟁이 주식두류

각룡 중에서는 거의 최고로 덩치가 컸대!

진짜?

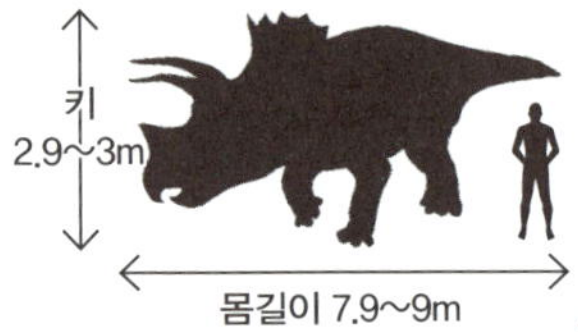

화석이 나온 곳
캐나다, 미국

크기
키 2.9~3m
몸길이 7.9~9m

TRICERATOPS
트리케라톱스

분류	이름의 뜻	3개의 뿔이 있는 얼굴
주식두류		얼굴에 뿔이 3개 돋아 있어 이런 이름이 붙었다. 옛 그리스 말로 트리(Tri)는 '셋', 케라트(Cerat)는 '뿔', 옵스(Ops)는 '얼굴'이라는 뜻이다.

살던 때

트라이아스기	쥐라기	백악기 전기	**백악기 후기**

트리케라톱스는 백악기 후기, 북아메리카에 살던 초식 공룡이자 각룡류입니다. 공룡을 잘 모르는 사람이라도 '트리케라톱스'라는 이름은 들어 봤다고 할 만큼 아주 유명한 공룡이에요.

몸길이는 최대 9미터, 키는 2.9~3미터, 몸무게는 6~10톤으로, 각룡류 중에서는 덩치가 가장 좋은 편에 들어가요. 머리 크기가 3미터나 되는 공룡도 있지요. 눈과 코 가까이에 뿔이 3개, 목덜미에는 주름 장식인 프릴이 달려 있어요. 앵무새 부리 같은 입으로는 질긴 식물을 뜯어 먹었던 것으로 보입니다.

여느 각룡류처럼 트리케라톱스도 여럿이 모여 살았을 듯하지만, 어떻게 살았는지는 아직 잘 모릅니다. 한 장소에서 여러 마리의 화석이 나온 적이 거의 없어 무리 생활을 연구할 수가 없었거든요. 떼를 지어 살았던 것 같기는 하지만, 무리의 크기까지는 밝혀지지 않았다고 해요.

제4장
머리와 목을 화려한 장식으로 꾸민 멋쟁이 주식두류

트리케라톱스는 얼굴에 뿔이 3개 있는데, 눈 위에 크게 솟은 굵고 기다란 뿔 1쌍은 공격 무기로 쓰기에 아주 좋았을 거라고 해요. 다만 어떻게 공격했는지는 연구자마다 의견이 엇갈려요. 몇몇 학자들은 이 공룡이 생김새가 비슷한 동물인 소처럼 엄청나게 빨리 달려와 뿔로 상대를 꿰뚫었다고 생각했어요. 하지만 이렇게 부딪히면 코 위에 난 뿔이 부러질 가능성이 크지요. 지금은 상대의 가슴팍으로 파고 들어간 뒤, 큰 뿔을 힘껏 들이박으며 싸웠다고 보기도 해요.

한 걸음 더!
자라면서 생김새가 변하는 트리케라톱스

어린 트리케라톱스는 뿔이 짧으며 위로 휘어져 있고 프릴도 아직 작아. 하지만 어른이 되면서 뿔은 아래로 휘며 길어지고 프릴도 크게 넓어지지. 큼직하고 화려한 뿔과 프릴은 어른 공룡의 상징이었을지도 몰라.

커가면서 달라지는 트리케라톱스의 뿔과 프릴

어린 공룡의 머리뼈

어른 공룡의 머리뼈

이 공룡의 가장 큰 특징은 누가 뭐래도 '뿔'이지만, 뒤통수를 커다랗게 감싼 '프릴'도 참 신기해요. 프릴은 짝에게 멋져 보이게 할 뿐만 아니라, 약점인 목 주변을 지키는 역할도 했어요. 또 어떤 연구에 따르면 뿔과 프릴은 트리케라톱스의 성별에 따라 생김새가 제각각이었다고 합니다. 크기도 모두 달랐는데, 수컷이 암컷보다 뿔도 크고 프릴도 넓었다고 하네요.

커다란 뿔로 상대를 떠밀면서 공격했대! 정말?

제4장
머리와 목을 화려한 장식으로 꾸민 멋쟁이 주식두류

프로토케라톱스는 각룡류에 속하지만, 콧등이 살짝 볼록할 뿐 뿔은 없어요. 각룡류의 조상으로 여겨진 때도 있었지만, 진화한 각룡인 트리케라톱스 등과 거의 같은 시대에 살았다는 사실이 밝혀졌어요. 몸집도 뿔도 크게 발달하지 않은 원시 상태로 살아남은 종일 수도 있다고 합니다. 또 새끼부터 어른까지 여러 공룡 화석이 한곳에서 나온 것으로 보아, 떼를 지어 살면서 나이 든 공룡이 어린 공룡을 돌보며 키웠을 가능성이 커요.

나이대가 다양한 화석을 조사한 결과, 이 공룡의 프릴은 어릴 때는 작았다가 성장하면서 점점 커졌다고 합니다. 한때 프릴은 적에게서 목을 지키는 방어 도구로 여겨졌어요. 하지만 어른이 되면 프릴이 크고 화려해지는 까닭에, 짝짓기를 위한 장식이었다고 보는 학자들이 늘어났다고 해요.

멋들어진 프릴로 자신을 더욱더 돋보이게 했대!

정말?

PROTOCERATOPS
프로토케라톱스

| 분류 | 이름의 뜻 | 최초의 뿔 얼굴 |

주식두류

사실 프로토케라톱스에는 뿔이 없지만, 학자들이 이 공룡을 트리케라톱스 같은 각룡류의 조상으로 여겨 이런 이름을 붙였다.

살던 때

| 트라이아스기 | 쥐라기 | 백악기 전기 | **백악기 후기** |

화석이 나온 곳
몽골, 중국

크기
키 0.6m
몸길이 약 1.8m

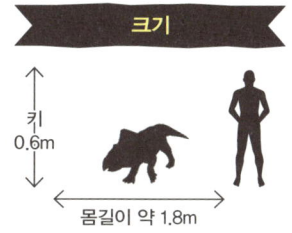

119

제4장
머리와 목을 화려한 장식으로 꾸민 멋쟁이 주식두류

연구 결과로 이름이 없어진 공룡이래!

정말?

STYGIMOLOCH
스티기몰로크

| 분류 | 이름의 뜻 | 스틱스에서 온 몰로크 |

분류
주식두류

이름의 뜻 스틱스에서 온 몰로크

스틱스는 그리스 신화에서 이승과 저승을 가르는 강이다. 미국의 헬 크릭(지옥의 강) 지층에서 화석이 발견되어 이런 이름이 붙었다. 몰로크는 소머리를 한 악마의 이름이다.

살던 때

| 트라이아스기 | 쥐라기 | 백악기 전기 | **백악기 후기** |

스티기몰로크처럼 머리뼈가 두껍고 단단한 '박치기 공룡'을 후두류(厚頭類)라고 합니다. 후두류는 공룡 가운데 비교적 연구가 덜 된 종류예요. 이 공룡은 후두류 중에서는 몸집이 큰 편이지만 파키케팔로사우루스보다는 몸통이 작고 가늘며, 후두류의 특징이자 둥근 지붕을 씌운 듯한 머리뼈의 '돔(Dome)'도 덜 튀어나와 있습니다.

스티기몰로크의 화석이 발견된 지층에서는 드라코렉스(Dracorex)나 파키케팔로사우루스 같은 후두류 공룡도 나왔는데, 생김새가 서로 굉장히 비슷했다고 해요.

2009년 미국의 고생물학자인 잭 호너(Jack Horner)박사와 그의 연구팀은 드라코렉스와 스티기몰로크가 파키케팔로사우루스의 새끼라고 주장했어요. 돔은 공룡이 자라면서 커지는데, 드라코렉스는 머리에 돔이 아예 없고 스티기몰로크는 살짝만 튀어나와 있다는 점을 근거로 들었지요. 이후 주장이 정설로 밝혀지면서 현재는 '스티기몰로크'라는 이름이 공룡 도감에서 사라지고 있다고 해요.

제4장
머리와 목을 화려한 장식으로 꾸민 멋쟁이 주식두류

파키케팔로사우루스는 머리뼈가 두껍고 헬멧을 쓴 것처럼 둥글게 솟아 있어 '박치기 공룡'이라고도 불려요. 박치기 공룡에는 여러 종류가 있지만, 파키케팔로사우루스가 가장 몸집이 큰 편이에요. 묵직한 머리를 떠받쳐야 해서 목은 두툼했지만, 다리는 날렵해서 잽싸게 달릴 수 있었다고 합니다. 두께가 무려 20센티미터나 되는 머리뼈를 가졌어요. 그래서 연구자들은 이 공룡들이 박치기로 겨뤄 무리에서 누가 더 센지 정했다고 보기도 했습니다. 또 머리를 숙여 쑥 내밀면 등뼈와 꼬리뼈가 곧게 펴지는데, 이 구조 덕분에 박치기를 해도 충격이 그리 크지 않았다고 여겼지요.

하지만 방사선이나 초음파로 몸속을 찍어 단면을 볼 수 있는 CT 촬영으로 머리뼈 속을 살펴봤더니, 구멍이 숭숭 뚫려 충격에 약하다는 점이 최근 밝혀졌어요. 머리를 맞부딪히며 겨뤘을 수는 있지만, 있는 힘껏 박치기를 하지는 못했을 거라고 합니다.

머리뼈가 어찌나 두꺼운지 거의 20센티미터나 된대!

진짜?

파키케팔로사우루스

PACHYCEPHALOSAURUS

| 분류 | 이름의 뜻 두꺼운 머리를 가진 도마뱀 |

주식두류

파키케팔로(Pachycephalo)란 그리스 말로 '두꺼운 머리'라는 뜻이다. 머리뼈가 굉장히 두껍고 단단해서 이런 이름이 붙었다.

살던 때

| 트라이아스기 | 쥐라기 | 백악기 전기 | **백악기 후기** |

화석이 나온 곳

캐나다, 미국

크기

키 1.2~1.6m
몸길이 3~5m

123

제4장
머리와 목을 화려한 장식으로 꾸민 멋쟁이 주식두류

파키케팔로사우루스의 박치기를 둘러싸고 공룡 연구자들이 내놓은 의견은 저마다 달라요. 머리를 쑥 내밀면 등뼈와 꼬리뼈가 펴져 박치기를 해도 충격이 덜했다지만, 목뼈도 괜찮았을까요? 이 공룡의 목에는 목뼈를 보호하는 장치가 아무것도 없어 강하게 부딪히면 목뼈가 어긋나거나 부러질 위험이 크다고 합니다.

어떤 학자들은 머리뼈 속이 충격을 줄이도록 만들어져 있다는 점을 들어 파키케팔로사우루스들이 박치기를 했다고 주장하기도 했어요.

한 걸음 더!
어린 공룡에게만 나타나는 신기한 특징

파키케팔로사우루스는 다 크면 머리에 '돔'이 둥글게 부풀지만, 어릴 때는 머리가 밋밋해. 공룡이 자라면서 머리뼈도 점점 부푸는 것이지. 그래서 '돔'은 어른에게만 필요한 도구, 다시 말해 짝이 될 공룡에게 멋지게 보이려는 장식일지도 모른다고 해.

어린 파키케팔로사우루스의 머리뼈

아직 둥글게 부푼 '돔'이 없다.

파키케팔로사우루스

하지만 2004년에 나온 논문에 따르면, 이 특수한 뼈 구조는 공룡이 어렸을 때만 있고 다 자라면 사라진다고 합니다.

우리가 이제껏 알던 모습과 달리, 파키케팔로사우루스는 적을 만나면 박치기로 공격하는 대신 길고 날렵한 다리로 쏜살같이 달아났을지도 몰라요. 아직 발견된 화석이 많지 않아서 생김새나 습성 등 모르는 부분이 더 많다고 합니다. 언젠가 모습이 잘 남은 화석이 나오면 이 공룡을 더욱 자세히 알 수 있겠지요.

화석이 거의 나오지 않아 아직 수수께끼 투성이래!

정말?

공룡 상식

공룡은 얼마나 오래 살까?

여러분은 공룡이 몇 살까지 산다고 생각하나요? 나무를 가로로 잘라 보면 해마다 하나씩 늘어나는 둥근 '나이테'가 있듯, 공룡의 뼈에도 비슷한 줄이 있답니다! 이 성장선을 잘 살피면 공룡이 몇 살쯤 되는지를 알 수 있어요. 예를 들어 트루돈은 3~5년, 프시타코사우루스는 10~11년, 용각류인 보스리오스폰딜루스(Bothriospondylus)는 43년, 티라노사우루스는 30년 넘게 살았다고 합니다.

작은 공룡보다는 큰 공룡이, 육식 공룡보다는 초식 공룡이 오래 살았고 평균 수명을 구해 보면 용각류는 100년 이상, 대형 수각류는 약 30년, 소형 수각류는 5년가량 살았다고 해요. 하지만 산이나 들에서 살아가는 야생 동물처럼 공룡도 상처를 입거나 병을 앓기도 하고 천적에게 잡아먹혔던 까닭에, 늙어 죽을 때까지 수명을 다했던 공룡은 많지 않았답니다.

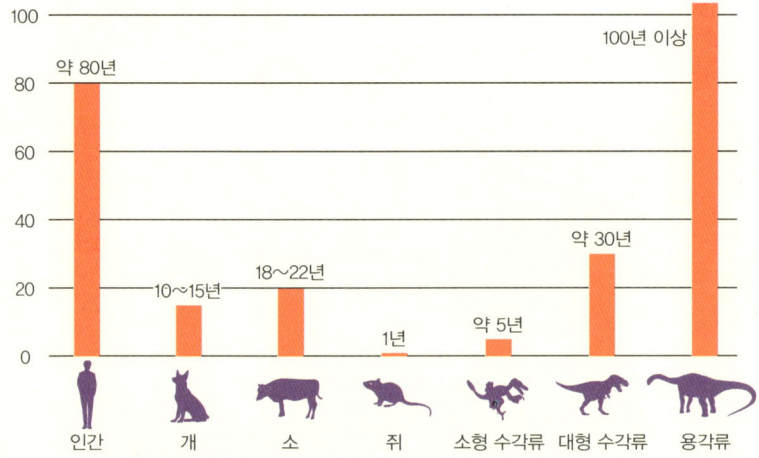

공룡과 다른 동물의 수명 비교

제5장

새와 다리가 비슷하게 생긴 날쌘돌이

조각류

제5장
새와 다리가 비슷하게 생긴 날쌘돌이 조각류

연구자들은 처음에 이 공룡을 이구아노돈의 새끼인 줄 알았다고 해요. 생김새와 이빨 모양이 아주 비슷했거든요. 하지만 뒤이어 나온 여러 화석을 자세히 조사한 뒤, 그때까지 발견된 적이 없는 새로운 공룡으로 인정했답니다.

한때 학자들은 엄지발가락과 다른 발가락이 마주 보는 앞발로 이 공룡이 인간처럼 물건을 쥘 수 있었다고 생각했어요. 나뭇가지에 매달려 나무를 탔다고 여겨지면서 나무 위에서 사는 모습이 공룡 도감에 실린 적도 있지요. 하지만 훗날 연구에서 앞발의 발가락은 모두 나란히 뻗어 있었다는 점이 밝혀졌어요. 이제는 아무도 힙실로포돈을 나무를 타는 공룡으로 보지 않는답니다.

이 공룡은 뒷다리가 길고 몸이 가벼워 빠른 속도로 달릴 수 있었다고 해요. 눈도 크고 시력이 좋아 멀리서 다가오는 적을 얼른 알아채고 잽싸게 달아나 살아남았을 것입니다.

날랜 발놀림으로 적을 멀리 따돌렸대!

정말?

HYPSILOPHODON
힙실로포돈

분류

조각류

이름의 뜻 높게 솟은 이빨

초식 공룡에게 많은 '나뭇잎처럼 생긴 이빨'이 있어 붙은 이름이다. 힙실로포돈의 이빨은 이구아나의 이빨과도 비슷하게 생겼다.

살던 때: 트라이아스기 | 쥐라기 | **백악기 전기** | 백악기 후기

화석이 나온 곳: 영국, 스페인

크기: 키 1.2m, 몸길이 1.8~2.3m

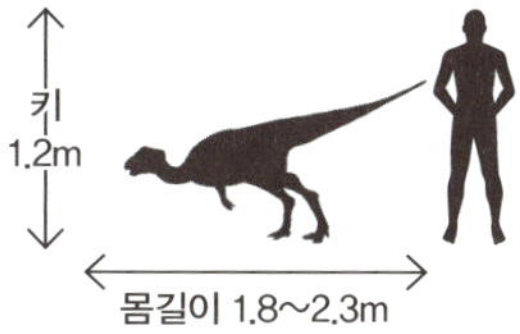

헤테로돈토사우루스

분류	이름의 뜻	이빨이 다르게 생긴 도마뱀
조각류	생김새가 제각각인 3가지 이빨이 있어 붙은 이름이다. 이빨이 여러 모양으로 난 공룡은 그리 흔하지 않다.	

살던 때: 트라이아스기 | **쥐라기** | 백악기 전기 | 백악기 후기

소형 조각류인 헤테로돈토사우루스는 2개의 뒷다리로 서서 돌아다녔어요. 앞발의 발가락 5개 중 2개가 나머지와 마주 보고 있어 인간처럼 무언가를 쥘 수 있었던 것으로 보여요.

이 공룡의 가장 큰 특징은 이름에서도 보다시피 크기와 모양이 서로 다른 '3가지 이빨'입니다. 입의 맨 앞에 돋은 작은 이빨로는 식물을 물어뜯고, 입 안쪽에 커다랗게 난 네모꼴 이빨로는 소화하기 쉽도록 식물을 잘게 씹었을 것입니다. 어쩌면 오늘날의 소처럼 늘 우물우물 풀을 씹고 있었을지도 모릅니다.

가장 특이한 이빨은 아래턱 앞쪽에 난 크고 뾰족한 이빨로, 마치 육식 공룡의 엄니처럼 보여요. 많은 학자가 이 이빨을 짝짓기 때 다른 수컷이나 암컷에게 힘세고 멋있어 보이려고 썼다고 여긴답니다.

제5장
새와 다리가 비슷하게 생긴 날쌘돌이 조각류

이구아노돈은 조각류를 대표하는 공룡입니다. 1822년에 처음 발견된 화석은 이빨뿐이어서 어떻게 생긴 공룡인지 전혀 알 수 없었지만, 1878년 벨기에에서 전체 모습이 고스란히 남은 화석이 발견되면서 새로운 사실이 여럿 밝혀졌어요. 이름은 '이구아노돈'이지만, 오늘날의 동물인 이구아나와는 비슷한 동물도 아닌 데다가 겉모습도 전혀 다르답니다.

몸집은 아주 튼실하고 몸길이가 9미터나 됩니다. 이빨은 말이나 사슴 이빨처럼 줄지어 나 있고, 이구아나 이빨과 비슷하게 생겼어요. 앞발에는 발가락이 5개 있고 모두 뾰족한 발톱이 달려 있어요. 특히 엄지발톱이 커다란 창날 끝처럼 날카로워서 무기로 썼을 수도 있지만, 실제로 어땠는지는 아직 알 수 없다고 해요. 또 한곳에서 화석이 여럿 나온 적이 있어 평소에는 무리를 이루어 살았던 것으로 보입니다.

앞발의 엄지발톱이 창끝처럼 날카로웠대! 정말?

IGUANODON
이구아노돈

분류	이름의 뜻	이구아나의 이빨

조각류

처음 이 공룡의 이빨 화석을 찾은 영국인 의사가 화석과 이구아나의 이빨이 비슷하다고 여겨 붙인 이름이다.

살던 때: 트라이아스기 | 쥐라기 | **백악기 전기** | 백악기 후기

크기
키 2m, 몸길이 9m

화석이 나온 곳
영국, 벨기에, 스페인 등

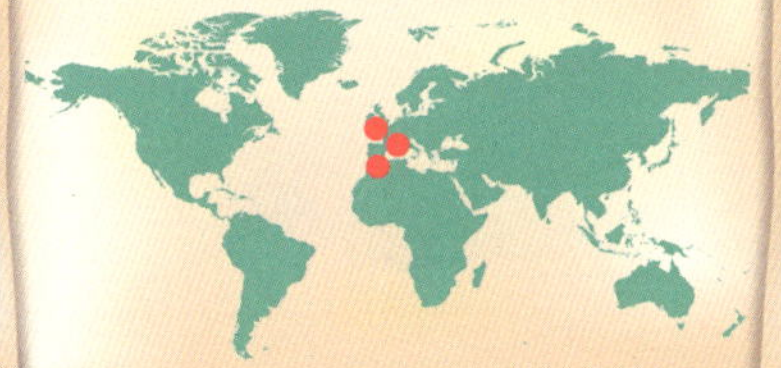

제5장
새와 다리가 비슷하게 생긴 날쌘돌이 조각류

여러분 중 누군가가 공룡 화석을 발견했는데, 그 공룡이 새로운 종류라면 직접 이름을 붙일 수 있어요. 그렇다면 인간이 최초로 찾아내어 이름을 지은 공룡은 과연 무엇일까요? 바로 앞에서 소개한 '이구아노돈'이랍니다.

영국의 의사이자 화석 수집가였던 기디언 맨텔은 1822년 어떤 공사장에서 우연히 동물의 이빨과 비슷한 화석을 하나 발견했어요. 화석을 본 학자들은 이 이빨을 코뿔소나 코끼리의 이빨로 여겼지만, 곧

한 걸음 더!
이빨이 비슷하게 생겼으니 닮았을 거라고?

이구아노돈의 화석을 처음 발견한 맨텔은 화석 속 생물과 이구아나가 이빨 모양이 비슷하니 전체 생김새도 닮았을 거라 여겼어. 그래서 이빨 크기를 바탕으로 몸길이를 계산했지. 그때 나온 이구아노돈의 몸길이는 무려 70미터나 되었다고 해.

이구아노돈과 이구아나의 이빨 생김새

이구아노돈   이구아나

대형 파충류의 이빨이라는 점이 조사로 밝혀졌습니다. 맨텔은 화석 속 생물에 '이구아노돈'이라는 이름을 붙였지요.

참고로 공룡 화석이 처음 발견된 것은 이보다 훨씬 전이랍니다. 정확히 언제인지는 알려지지 않았지만, 1677년 영국의 대학교수였던 로버트 플롯(Robert Plot)이 그린 화석 그림이 남아 있어요. 당시 사람들은 이 화석을 코끼리 같은 덩치 큰 동물의 뼈라고 여겼지만, 훗날 메갈로사우루스의 화석이라는 사실이 밝혀졌다고 합니다.

인간이 처음으로 이름을 붙인 공룡이래!

진짜?

NO.1

제5장
새와 다리가 비슷하게 생긴 날쌘돌이 조각류

새끼들을 아주 알뜰살뜰하게 돌봤대!

정말?

마이아사우라
MAIASAURA

분류
조각류

이름의 뜻 착한 어미 도마뱀

첫 화석이 발견되었을 때, 이 공룡의 모습이 마치 알에서 갓 태어난 새끼들을 돌보는 어미처럼 보여 이런 이름이 붙었다.

살던 때			
트라이아스기	쥐라기	백악기 전기	**백악기 후기**

마이아사우라는 새끼를 돌보는 공룡으로 알려져 있어요. 어른 공룡의 화석 근처에서 아직 어린 새끼와 알 화석이 발견되었기 때문이지요. 부드러운 흙과 모래를 쌓고 가운데를 움푹하게 판 다음에 둥그렇게 알을 놓았지만, 오늘날의 새처럼 직접 알을 품지는 않았다고 합니다. 둥지 위에 쌓아 올린 풀이나 나뭇가지가 썩으면서 나오는 열로 알을 따스하게 했던 듯해요. 지금 사는 동물 중에는 무덤새가 이러한 방식으로 알을 부화시킨다고 합니다. 또 새끼 공룡이 무사히 태어나면 부모는 새끼가 삼키기 좋도록 풀을 잘게 씹어 먹였다고 해요.

하지만 마이아사우라가 새끼를 돌봤다는 추측에 반대하는 학자도 있어요. 어떤 둥지 안에서 새끼 화석과 함께 죽은 동물의 고기를 먹는 송장벌레의 화석이 나왔거든요. 어린 공룡들은 둥지에서 돌봄을 받았던 것이 아니라, 알에서 미처 나오지도 못하고 죽은 채 둥지에 남겨졌는지도 몰라요.

제5장
새와 다리가 비슷하게 생긴 날쌘돌이 조각류

덴털 배터리로 이빨을 늘 새것으로 유지했대!

정말?

크기

키 3~5m
몸길이 9~14m

화석이 나온 곳

캐나다, 멕시코

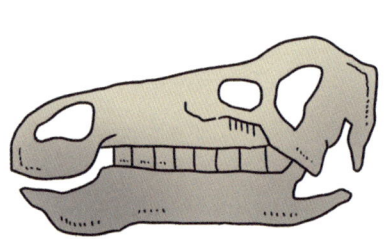

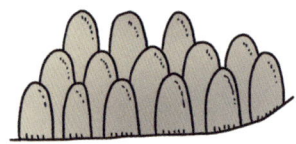

이가 많이 닳으면 아래에서 새 이가 쑥 올라오는 형태의 구조를 덴털 배터리라고 해.

LAMBEOSAURUS
람베오사우루스

| 분류 | 이름의 뜻 | 람베의 도마뱀 |

분류

조각류

이름의 뜻: 람베의 도마뱀

19세기가 끝날 무렵부터 20세기에 걸쳐 캐나다에서 공룡 화석을 여럿 찾아낸 고생물학자 로렌스 람베(Lawrence Lambe)에서 비롯된 이름이다.

살던 때

| 트라이아스기 | 쥐라기 | 백악기 전기 | **백악기 후기** |

람베오사우루스는 조각류 중에서 가장 몸집이 큰 편이에요. 머리 위에는 큼직한 도끼날처럼 생긴 뼈 볏이 달려 있고, 뒤통수에도 막대기 같은 뼈가 1개 쑥 튀어나와 있어요. 람베오사우루스류 공룡은 다들 비슷비슷하게 생겼지만, 저마다 독특한 볏이 있어 어떤 종류인지 쉽게 알 수 있답니다.

람베오사우루스류 공룡들은 대부분 입속 이빨이 '덴털 배터리'라는 특이한 구조로 이루어져 있었어요. 덴털 배터리란 작은 이빨들이 여러 겹 있어 가장 앞의 이빨이 닳아 빠지면 바로 뒤에 있던 이빨로 그 자리를 메우는 장치예요. 이러한 이빨 덕택에 공룡들은 늘 새 이빨로 식물을 뜯어 먹을 수 있었답니다.

람베오사우루스가 살았던 백악기 후기는 조각류 공룡의 시대나 다름없었어요. 덴털 배터리 덕택에 큰 힘을 들이지 않고도 먹이를 늘 배불리 먹을 수 있었기 때문이라고 합니다.

제5장
새와 다리가 비슷하게 생긴 날쌘돌이 조각류

파라사우롤로푸스는 이구아노돈처럼 조각류를 대표하는 공룡이에요. 나오는 장면이 많지는 않지만, 영화「쥬라기 공원(Jurassic Park)」시리즈에도 등장한답니다.

몸길이는 8~10미터, 키는 4.6미터로 몸집이 아주 커요. 2009년에는 태어난 지 1년도 채 되지 않은 새끼 화석이 미국에서 발견되었는데, 몸길이가 무려 2미터였다고 해요. 키가 큰 만큼 몸무게도 많이 나가서, 다 자란 어른 공룡은 몸무게가 4톤이나 되었을 거라고 합니다.

머리에는 커다란 볏이 있고, 입에는 오리너구리처럼 부리가 달려 있어요. 볏은 코뼈가 살짝 변형된 것으로, 얼굴에서 머리 뒤쪽으로 길게 뻗어 있고 안에는 2미터도 넘는 뼈 대롱이 들어 있습니다. 콧구멍으로 들어간 공기가 이 볏을 통해 머릿속으로 들어가는 구조지요. 자, 이 공룡은 왜 공기를 빨아들였을까요? 다음 쪽에서 자세히 알아보아요.

머릿속으로 바깥 공기를 쭈욱 빨아들였대!

정말?

PARASAUROLOPHUS
파라사우롤로푸스

분류

조각류

이름의 뜻 사우롤로푸스와 가까운 존재

앞서 발견된 공룡인 사우롤로푸스(Saurolophus)와 생김새가 비슷해 이런 이름이 붙었다. 하지만 겉모습만 닮았을 뿐 둘은 완전히 다른 공룡이다.

살던 때

| 트라이아스기 | 쥐라기 | 백악기 전기 | **백악기 후기** |

크기

키 4.6m
몸길이 8~10m

화석이 나온 곳

캐나다, 미국, 멕시코

제5장
새와 다리가 비슷하게 생긴 날쌘돌이 조각류

파라사우롤로푸스의 가장 큰 특징은 볏 속에 뼈 대롱이 지나간다는 점입니다. 대체 어디에 쓰려고 볏 속에 이런 장치를 만들었을까요? 진짜 이유는 아직 밝혀지지 않았지만, 여러모로 추측해 볼 수는 있다고 해요. 어떤 학자는 잠수할 때 숨을 쉬는 도구인 '스노클'처럼 볏을 썼다고 여겼어요. 코로 들이마신 산소를 머릿속에 모아 둔 뒤, 물속에서 숨을 쉬었다는 것이지요. 하지만 머릿속의 빈 곳이 공기를 저장할 만큼 넓지 않아 산소 탱크로 쓰기에는 좀 어려워 보인다고 해요.

최근에는 많은 학자가 '울음소리를 크게 키울 때' 볏을 썼다고 본답니다. 소리를 텅 빈 볏 속으로 보내면 벽에 부딪혀 울려 나오는데, 이 울림통 효과로 소리를 키웠다는 것이지요. 주로 적을 쫓거나 수컷이 암컷에게 멋지게 보이고 싶을 때 볏으로 우렁찬 소리를 냈을 거라고 해요. 볏은 수컷이 암컷보다 컸고, 소리도 더 크게 낼 수 있었다는 연구 결과도 이러한 추측을 뒷받침하고 있답니다.

한 걸음 더! 머리의 볏으로 어떤 소리를 냈을까?

파라사우롤로푸스의 볏은 아주 길고 대롱처럼 속이 비어 있어 공기가 오갈 수 있었어. 컴퓨터로 볏 모양을 만들어 공기를 보내는 실험을 해 보니, 커다란 피리를 닮은 관악기인 '오보에'처럼 낮게 울리는 소리가 났다고 해.

파라사우롤로푸스의 볏 속

콧구멍

공기가 지나는 길

공룡 상식

공룡을 되살릴 수 있을까?

영화 「쥬라기 공원(Jurassic Park)」 시리즈를 보면, 이미 멸종한 공룡들을 되살려 동물원 같은 공룡 체험 공원을 만드는 내용이 나와요. 과연 현실에서도 공룡을 되살릴 수 있을까요?

영화에서는 공룡의 피를 빨아 먹은 모기에서 공룡의 유전 정보가 들어 있는 유전자 본체(DNA)를 뽑아내어 공룡을 부활시키려고 해요. 하지만 DNA에 담긴 유전자 정보의 양은 약 500년이 지날 때마다 절반으로 줄어든다고 합니다. 영화에 나온 방법으로는 공룡을 되살릴 수 없다는 이야기지요.

하지만 인간의 과학 기술은 놀라울 만큼 빠르게 발전해 왔고, 앞으로도 엄청나게 변화할 거예요. 영화와는 다른 방법으로 공룡을 되살리는 날이 어쩌면 그리 머지 않았을지도 모릅니다.

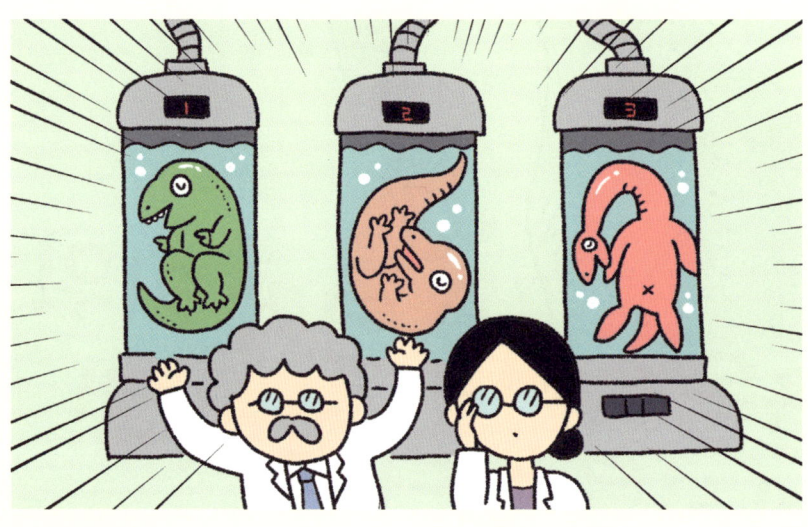

제6장

공룡인 듯 공룡 아닌

공룡과 같이 살던 파충류

제6장
공룡인 듯 공룡 아닌 공룡과 같이 살던 파충류

무지막지한 턱과 이빨로 죄다 깨물어 부쉈대!

진짜?

화석이 나온 곳
아르헨티나

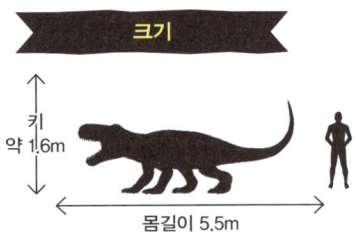
크기
키 약 1.6m
몸길이 5.5m

SAUROSUCHUS
사우로수쿠스

분류
파충류

이름의 뜻 도마뱀 악어

트라이아스기 후기에 나타난 초대형 파충류로, 악어와 가까운 생물이라서 이런 이름이 붙었다.

살던 때

| 트라이아스기 | 쥐라기 | 백악기 전기 | 백악기 후기 |

트라이아스기부터 백악기까지를 일컫는 중생대에는 수많은 공룡이 살았지만, 공룡이 땅 위에서 가장 센 생물이었던 것은 아닙니다. 트라이아스기에는 악어류 같은 대형 파충류도 많이 살았거든요. 공룡의 경쟁 상대였던 악어류 가운데 특히 힘이 센 동물이 바로 사우로수쿠스입니다.

사우로수쿠스는 왕도마뱀과 악어를 반반씩 섞은 것처럼 생겼어요. 몸길이는 5.5미터로, 그 당시 땅에 살았던 생물 가운데 가장 몸집이 컸다고 해요. 덩치도 어마어마한 데다가 악어처럼 턱 힘도 좋고 날카로운 이빨이 잔뜩 나 있어 어지간한 동물은 상대도 안 되었을 것입니다.

트라이아스기에 살았던 공룡은 이제 갓 나타났기 때문에 몸집이 거의 다 자그마했어요. 아마도 사우로수쿠스를 피해 조용히 숨어 지냈을 것입니다.

제6장
공룡인 듯 공룡 아닌 공룡과 같이 살던 파충류

지구에 공룡이 나타난 뒤에도 얼마간은 사우로수쿠스가 땅 위를 지배했어요. 하지만 이 파충류들은 쥐라기로 넘어가기 전에 모두 사라지고 말았어요. 화산이 터지면서 환경이 크게 달라졌기 때문이라고 합니다.

사우로수쿠스를 비롯한 파충류와 양서류는 갑자기 찾아온 변화에 적응하지 못한 채 빠르게 수가 줄어들다가 마침내 멸종하고 말았다고 해요. 공룡은 사우로수쿠스라는 힘센 경쟁자가 사라진 자리를 바

한 걸음 더!
땅 위에서 잘 살 수 있었던 까닭은?

사우로수쿠스는 어떻게 땅에서도 잘 지낼 수 있었을까? 비결은 다름 아닌 '다리 구조'에 있어. 다리가 몸통에서 땅 쪽으로 곧게 뻗어 있어서 거대한 몸을 잘 떠받칠 수 있었다고 해. 마치 공룡 다리처럼 말이지.

파충류 주제에 공룡도 아니면서…!

로 차지했어요. 쥐라기와 백악기로 이어지는 공룡 시대가 비로소 찾아온 거예요.

트라이아스기가 끝나갈 무렵, 악어류 생물은 사우로수쿠스를 비롯하여 많이들 멸종했지만 살아남은 종도 여럿 있었어요. 이들은 땅 위를 벗어나 강이나 호수 같은 물속에서 살기 시작했지요. 물속 환경에 맞게끔 꼬리를 지느러미처럼 만들어 살아가는 바다 악어라는 종도 이때 나타났다고 합니다.

공룡을 먹잇감으로 노리고 마구 공격했대!

정말?

제6장
공룡인 듯 공룡 아닌 공룡과 같이 살던 파충류

이크티오사우루스는 중생대에 살았던 파충류 가운데 가장 먼저 발견된 생물입니다. 몸길이는 3.3미터 가량이며 돌고래 같은 물고기와 비슷하게 생겼어요. 눈도 귀도 밝은 데다가 헤엄도 굉장히 잘 쳤다고 합니다.

이크티오사우루스를 비롯한 어룡(魚龍)들은 중생대에 살았던 바다 파충류 가운데 가장 앞서 나타났어요. 이들 생물은 생김새뿐 아니라 몸에 딸린 기능도 물고기와 다름없어 차디찬 물속에서도 자유롭게 움직일 수 있었던 듯해요. 쥐라기에는 수많은 어룡이 바다에 널리 퍼져 살았지만, 백악기에 들어 모두 멸종하고 맙니다. 어쩌면 장경룡 같은 다른 파충류들과 서로 살아남으려 경쟁을 벌이다가 밀려났는지도 모릅니다.

이크티오사우루스의 화석을 처음 발견한 사람은 영국의 화석 수집가인 메리 애닝(Mary Anning)이에요. 이 화석 덕분에 사람들은 생물이 멸종한다는 사실을 알게 되었지요. 그만큼 귀중하게 여겨지는 화석이라고 합니다.

'멸종'이라는 개념을 처음으로 알린 화석이래!

진짜?

ICHTHYOSAURUS
이크티오사우루스

분류
파충류

이름의 뜻 물고기 도마뱀

파충류에 들어가는 생물이지만, 생김새만 보면 물고기 같아서 붙은 이름이다.

살던 때: 트라이아스기 / 쥐라기 / 백악기 전기 / 백악기 후기

크기: 키 1.8m, 몸길이 약 3.3m

화석이 나온 곳: 영국, 독일

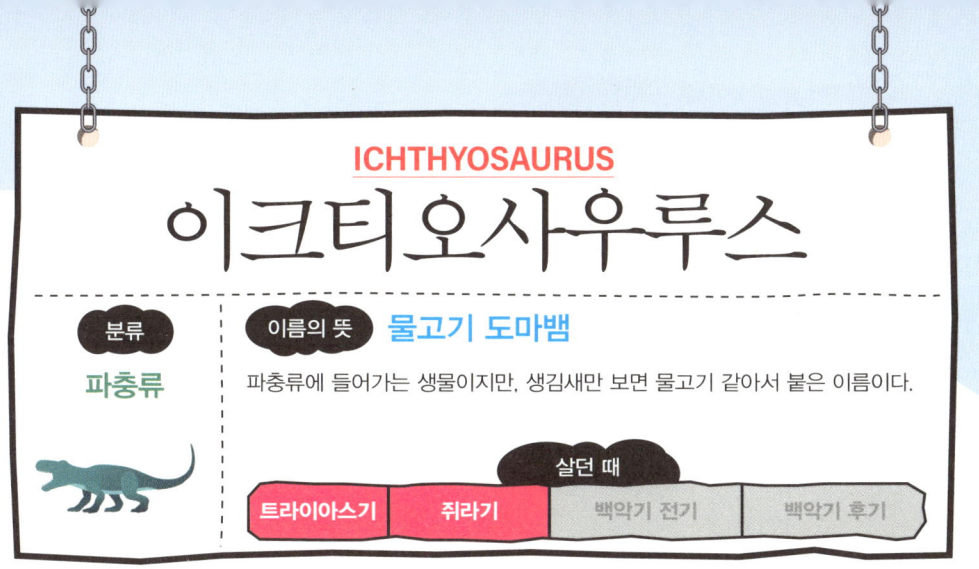

제6장
공룡인 듯 공룡 아닌 공룡과 같이 살던 파충류

어룡은 몸길이가 평균 2~4미터로, 중생대 생물치고는 몸집이 작았어요. 하지만 트라이아스기에 살았던 쇼니사우루스(Shonisaurus)처럼 어마어마하게 큰 어룡도 있었답니다. 이 어룡도 물고기처럼 생겼고, 거대한 몸에는 지느러미 같은 다리가 4개 나 있어요. 어릴 때는 이빨이 있어 물고기 따위를 잡아먹지만, 다 크면 이빨이 없어져 플랑크톤을 먹으며 살았다고 합니다.

쇼니사우루스의 화석은 1920년에 미국에서 발견되었습니다. 이름은

한 걸음 더!
다른 갈래로 진화했는데
어떻게 닮은 생물이 나올까?

생물 분류법에 따르면 어룡은 고래나 돌고래와 다른 종류이지만, 생김새만은 물고기와 정말이지 똑 닮았어. 전혀 관련 없이 진화해 왔더라도 같은 환경에서 살면 그 영향을 받아 모습이 비슷해진다고 해. 이걸 '수렴 진화'라고 한단다.

덩치가 어찌나 어마어마한지 무려 대왕고래만 했대!

정말?

화석이 발견된 곳인 쇼쇼니 산맥에서 따왔다고 해요. 지금까지 나온 화석 크기로 보아 몸길이가 최대 25미터는 되었을 것으로 보여요. 온갖 생물을 통틀어 가장 큰 '대왕고래'보다 약간 작은 크기지요. 이보다 더 큰 쇼니사우루스가 살았을 가능성도 있다고 해요. 어쩌면 지구 역사에서 가장 큰 생물은 어룡이거나 어룡과 비슷한 종류일지도 모릅니다.

역시 요즘 젊은 친구들은 몸이 큼직큼직하구먼!

선배님도 한 덩치 하시는데요, 뭘~

제6장
공룡인 듯 공룡 아닌 공룡과 같이 살던 파충류

온 세상의 바다를 헤엄치며 돌아다녔대!

진짜?

화석이 나온 곳
미국, 러시아, 일본

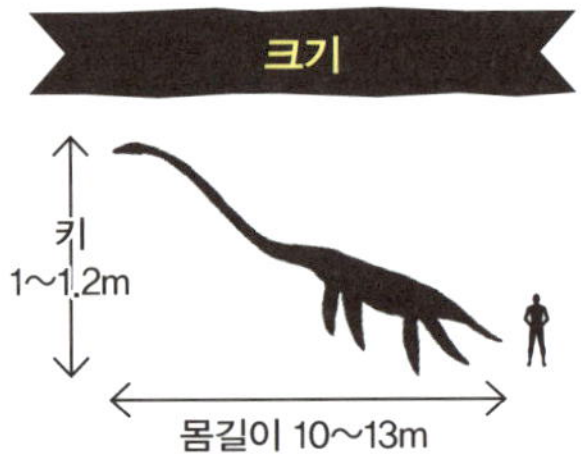

크기
키 1~1.2m
몸길이 10~13m

엘라스모사우루스

ELASMOSAURUS

분류	이름의 뜻	얇은 판 도마뱀

파충류

금속판이라는 뜻의 그리스 말 '엘라스마(Elasma)'에서 유래한 '엘라스모'는 라틴어로 그릇 따위를 말한다. 몸이 얇은 판처럼 평평하게 생겨서 이런 이름이 붙었다.

살던 때

트라이아스기	쥐라기	백악기 전기	**백악기 후기**

장경룡(長頸龍)은 다리가 물갈퀴처럼 생긴 바다 파충류입니다. 엘라스모사우루스는 장경룡을 대표하는 생물이에요.

몸집은 장경룡 중에서 큰 편이고 '길 장(長), 목 경(頸), 용 룡(龍)'이라는 이름처럼 목이 아주 길었어요. 목뼈가 76개나 되는 종도 있고 목 길이가 전체 몸길이의 60퍼센트나 차지한다고 해요. 목은 보기와는 달리 뻣뻣하고 잘 구부러지지 않는데, 목을 어디에 썼는지는 학자들도 아직 모른다고 합니다.

이 생물은 물고기나 오징어, 바닷물 속에 잠깐 들어온 익룡 등을 잡아먹는 육식 동물이었다고 해요. 또 헤엄을 아주 잘 쳐서 온 바다를 누비고 다녔어요. 미국, 러시아, 일본 등 세계 여러 곳에서 나온 화석이 바로 그 증거랍니다. 날씨가 추운 북쪽 땅에서 화석이 많이 발견되므로 주로 서늘한 곳에서 살았던 것으로 보입니다.

제6장
공룡인 듯 공룡 아닌 공룡과 같이 살던 파충류

'장경룡'이라고 하면 언뜻 목이 긴 생물이 떠오르지만, 장경룡이라고 다 목이 길지는 않아요. 플리오사우루스(Pliosaurus)처럼 목이 짧은 장경룡들도 있거든요. 이 장경룡은 주둥이가 악어처럼 길게 튀어나왔고 홀쭉한 몸통에는 지느러미 같은 다리가 붙어 있어요. 앞다리로 물살을 가르다가 사냥감을 찾으면, 뒷다리를 퍼덕여 잽싸게 움직였던 듯해요. 몸길이가 10미터도 넘는 대형 생물로, 이들이 살던 곳의 먹이사슬에서 맨 꼭대기를 차지했어요. 하지만 백악기 후기에 갑자기

한 걸음 더!
목이 짧은데도 '장경룡'이라고 불리는 이유

장경룡의 학명인 플레시오사우리아(Plesiosauria)는 '도마뱀과 비슷한 존재'라는 뜻이야. 하지만 처음 발견된 화석의 목이 길었기 때문에, 그 특징을 살려 장경룡이라는 한자 이름을 붙였다고 해.

진짜? 몰랐어!

환경이 바뀌자 적응하지 못한 다른 파충류들과 함께 사라지고 말았습니다.

반대로 엘라스모사우루스를 비롯한 플레시오사우루스(Plesiosaurus)들은 말 그대로 목이 아주 길었어요. 헤엄도 굉장히 잘 쳤고 플리오사우루스류처럼 물고기 따위를 먹고 살았지요. 플리오사우루스들은 백악기 후기에 멸종했지만, 플레시오사우루스들은 백악기가 끝날 무렵까지는 살아 있었다고 합니다.

장경룡 무리인데도 목이 별로 길지 않았대!

정말?

실은 나도 장경룡이야.

제6장
공룡인 듯 공룡 아닌 공룡과 같이 살던 파충류

뭐든 통째로 씹어 삼킬 만큼 턱 힘이 어마어마했대!

정말?

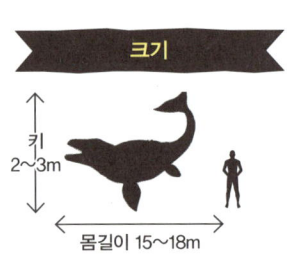

크기
키 2~3m
몸길이 15~18m

화석이 나온 곳
벨기에, 미국, 일본

MOSASAURUS
모사사우루스

분류
파충류

이름의 뜻 뫼즈강의 도마뱀
프랑스, 벨기에, 네덜란드를 지나는 뫼즈(Meuse)강 근처에서 화석이 나와 이런 이름이 붙었다. 일본 등 아시아에서도 화석이 발견되었다.

살던 때
| 트라이아스기 | 쥐라기 | 백악기 전기 | **백악기 후기** |

모사사우루스는 백악기 후기에 새로 나타난 파충류입니다. 악어처럼 입이 크고 몸이 길쭉하며 물갈퀴처럼 생긴 다리가 4개 달려 있어요. 악어보다는 몸집이 튼실해서 아마도 큼지막한 물고기처럼 생겼을 거예요. 돌고래와 악어를 반반씩 섞은 생물이라고 생각해도 될 듯해요. 영화 「점박이: 한반도의 공룡 3D」(2011)에 나오는 틸로사우루스(Tylosaurus)가 바로 모사사우루스의 한 종류입니다.

이 생물은 얕은 바다에 살면서 물고기나 조개, 다른 파충류나 장경룡을 잡아먹었다고 합니다. 처음에 학자들은 모사사우루스가 물고기처럼 헤엄을 잘 치지는 못했다고 생각했지만, 여러 조사를 거친 지금은 제법 빠르게 헤엄을 쳤을 것으로 본다고 해요.

모사사우루스는 덩치가 크고 특히 턱 힘이 좋아 무엇이든 깨물어 부술 수 있었어요. 또 이제까지 나온 화석을 보면 몸에 다친 자국이 많다고 해요. 아마 사납고 싸우기를 좋아해 다른 생물들을 마구 쫓아다녔을 거예요. 백악기가 끝나갈 무렵에는 다른 생물과 함께 멸종하고 말았지만, 한동안은 생태계 먹이사슬에서 가장 윗자리를 차지했을 것입니다.

제6장
공룡인 듯 공룡 아닌 공룡과 같이 살던 파충류

장경룡과 모사사우루스류처럼 바다에 사는 파충류는 공룡과 조상이 같지만, 비슷한 생물이라고 할 수 없습니다. 진화해 온 갈래로 보면 공룡은 거북이나 악어와 가깝고, 장경룡과 모사사우루스류는 도마뱀이나 뱀에 가까워요. 특히 모사사우루스류는 왕도마뱀류와 굉장히 비슷하다고 합니다. 어룡은 장경룡류나 모사사우루스류와는 또 다른 길로 진화해 온 생물이며, 역시 공룡과는 거리가 멀다고 해요.

어룡이나 장경룡은 물속, 공룡은 땅 위에서 살면서 각자 환경에 맞게 진화했어요. 그래서 몸의 구조도 다르고 번식 방법도 차이가 있지요. 어룡과 장경룡은 돌고래나 고래처럼 바닷속에서 새끼를 낳는 태생 동물이었던 듯합니다. 새끼를 밴 암컷 화석이 발견되었거든요. 아직 근거가 될 만한 화석은 나오지 않았지만, 모사사우루스류도 태생 동물이었을 거라고 해요. 이처럼 어룡, 장경룡, 모사사우루스류는 땅 위에서 살며 알을 낳아 번식하는 공룡과는 아예 다른 생물이었답니다.

한 걸음 더!
차디찬 바닷물에서도 느긋하게
돌아다녔던 바다 파충류

혹시 물속 온도가 달라지더라도 참치나 청새치 같은 물고기들은 체온을 그대로 유지할 수 있어. 화석 연구자들에 따르면 어룡류, 장경룡류, 모사사우루스류도 어느 정도는 체온을 비슷하게 유지했을 거라고 해.

MOSASAURUS
모사사우루스

분류
파충류

이름의 뜻 뫼즈강의 도마뱀

프랑스, 벨기에, 네덜란드를 지나는 뫼즈(Meuse)강 근처에서 화석이 나와 이런 이름이 붙었다. 일본 등 아시아에서도 화석이 발견되었다.

살던 때
| 트라이아스기 | 쥐라기 | 백악기 전기 | **백악기 후기** |

모사사우루스는 백악기 후기에 새로 나타난 파충류입니다. 악어처럼 입이 크고 몸이 길쭉하며 물갈퀴처럼 생긴 다리가 4개 달려 있어요. 악어보다는 몸집이 튼실해서 아마도 큼지막한 물고기처럼 생겼을 거예요. 돌고래와 악어를 반반씩 섞은 생물이라고 생각해도 될 듯해요. 영화 「점박이: 한반도의 공룡 3D」(2011)에 나오는 틸로사우루스(Tylosaurus)가 바로 모사사우루스의 한 종류입니다.

이 생물은 얕은 바다에 살면서 물고기나 조개, 다른 파충류나 장경룡을 잡아먹었다고 합니다. 처음에 학자들은 모사사우루스가 물고기처럼 헤엄을 잘 치지는 못했다고 생각했지만, 여러 조사를 거친 지금은 제법 빠르게 헤엄을 쳤을 것으로 본다고 해요.

모사사우루스는 덩치가 크고 특히 턱 힘이 좋아 무엇이든 깨물어 부술 수 있었어요. 또 이제까지 나온 화석을 보면 몸에 다친 자국이 많다고 해요. 아마 사납고 싸우기를 좋아해 다른 생물들을 마구 쫓아다녔을 거예요. 백악기가 끝나갈 무렵에는 다른 생물과 함께 멸종하고 말았지만, 한동안은 생태계 먹이사슬에서 가장 윗자리를 차지했을 것입니다.

제6장
공룡인 듯 공룡 아닌 공룡과 같이 살던 파충류

장경룡과 모사사우루스류처럼 바다에 사는 파충류는 공룡과 조상이 같지만, 비슷한 생물이라고 할 수 없습니다. 진화해 온 갈래로 보면 공룡은 거북이나 악어와 가깝고, 장경룡과 모사사우루스류는 도마뱀이나 뱀에 가까워요. 특히 모사사우루스류는 왕도마뱀류와 굉장히 비슷하다고 합니다. 어룡은 장경룡류나 모사사우루스류와는 또 다른 길로 진화해 온 생물이며, 역시 공룡과는 거리가 멀다고 해요.

어룡이나 장경룡은 물속, 공룡은 땅 위에서 살면서 각자 환경에 맞게 진화했어요. 그래서 몸의 구조도 다르고 번식 방법도 차이가 있지요. 어룡과 장경룡은 돌고래나 고래처럼 바닷속에서 새끼를 낳는 태생 동물이었던 듯합니다. 새끼를 밴 암컷 화석이 발견되었거든요. 아직 근거가 될 만한 화석은 나오지 않았지만, 모사사우루스류도 태생 동물이었을 거라고 해요. 이처럼 어룡, 장경룡, 모사사우루스류는 땅 위에서 살며 알을 낳아 번식하는 공룡과는 아예 다른 생물이었답니다.

한 걸음 더!
차디찬 바닷물에서도 느긋하게 돌아다녔던 바다 파충류

혹시 물속 온도가 달라지더라도 참치나 청새치 같은 물고기들은 체온을 그대로 유지할 수 있어. 화석 연구자들에 따르면 어룡류, 장경룡류, 모사사우루스류도 어느 정도는 체온을 비슷하게 유지했을 거라고 해.

제6장
공룡인 듯 공룡 아닌 공룡과 같이 살던 파충류

모든 익룡을 통틀어 가장 거대했대! 진짜?

크기
어깨까지의 높이 최소 3m
날개를 편 길이 약 11~12m

화석이 나온 곳
미국

QUETZALCOATLUS
케찰코아틀루스

분류
파충류

이름의 뜻 케찰코아틀(신(神)의 이름)

'케찰코아틀(Quetzalcoatl)'은 멕시코에 전해지는 신들의 이야기 '아즈텍 신화'에 나오는 신이다. 날개 달린 뱀과 모습이 비슷해 이런 이름이 붙었다.

살던 때
트라이아스기 | 쥐라기 | 백악기 전기 | **백악기 후기**

익룡(翼龍)은 공룡들이 살던 중생대에 하늘을 누비고 다녔던 날개 달린 파충류입니다. 트라이아스기에 처음 나타났고, 바로 앞 조상은 공룡과 같은 '라고스쿠스'라는 파충류예요. 익룡은 몸통이 작고 뼛속 곳곳에 구멍이 뚫려 몸이 가벼웠어요. 앞발에서 길게 뻗은 4번째 발가락과 몸통 사이에 얇은 피부인 '피막'이 이어져 날개를 이루고 있었다고 합니다.

한때 학자들은 익룡이 스스로 날갯짓을 하지 못했다고 생각했어요. 날 때는 높은 곳에서 뛰어내린 뒤, 밑에서부터 올라오는 더운 공기에 실려 날았을 것으로 짐작하기도 했지요. 하지만 최근에는 익룡이 날갯짓은 물론, 땅을 박차고 바로 날아오를 수도 있었다고 보는 학자가 많아졌다고 합니다.

케찰코아틀루스는 익룡 중에서는 물론, 하늘을 나는 모든 동물을 통틀어 가장 큰 생물입니다. 상상을 뛰어넘는 크기 때문에 '괴물'로 알려져 있기도 하지요. 하지만 이 익룡의 정체는 아직 아무도 모른다고 합니다. 우리가 아는 모습과는 전혀 다른 생김새로 살아갔을 가능성도 크다고 해요.

제6장
공룡인 듯 공룡 아닌 공룡과 같이 살던 파충류

지금까지 나온 케찰코아틀루스의 화석은 딱 하나, '어깨뼈'뿐입니다. 따라서 살아 있는 모습을 상상해 만든 전체 뼈대는 거의 가짜라고 해도 틀린 말은 아니랍니다.

최근 연구에 따르면, 하늘을 나는 동물의 최대 몸무게는 100킬로그램이라고 해요. 하지만 케찰코아틀루스는 어깨뼈 1개가 소나 코뿔소 1마리만 해요. 여기에 근육 무게까지 더하면 몸무게가 100킬로그램은커녕 200~250킬로그램도 가볍게 넘을 것입니다. 그래서 어떤 학자들은 케찰코아틀루스를 '나는 것을 포기한' 거대 익룡으로 여긴다고 해요. 하늘을 나는 대신 몸집을 키워 살아남은 타조와 에뮤처럼 진화했다고 볼 수도 있겠네요.

어쩌면 케찰코아틀루스는 오늘날의 새인 타조나 펭귄과 비슷한 방식으로 살았을지도 몰라요. 앞으로 밝혀질 진짜 모습이 정말이지 궁금합니다.

한 걸음 더!
익룡에게도 깃털이 있었을까?

요즘에는 많은 학자가 공룡에 깃털이 정말 있었다고 여긴대. 그런데 2018년에 나온 한 자료에 따르면 공룡뿐 아니라 익룡에도 깃털이 있었다고 해. '깃털 공룡'이 알려지면서 그림 속 공룡 모습이 달라진 것처럼, 머지않아 익룡 또한 지금과는 완전히 다른 모습으로 그려질지도 모르겠어.

케찰코아틀루스

날개는 아주 크고 화려했지만 날지 못했을 수도 있대! 정말?

찾아보기

ㄴ
니게르사우루스 72~73

ㄷ
데이노니쿠스 40~43, 108
데이노케이루스 48~49
딜로포사우루스 24~25

ㄹ
람베오사우루스 138~139

ㅁ
마멘키사우루스 74~75, 95
마이아사우라 136~137
모노니쿠스 54~55
모사사우루스 15, 77, 158~161
미라가이아 94~95

ㅂ
브라키오사우루스 11, 30, 80~83, 88

ㅅ
사우로수쿠스 146~149
사우로펠타 41, 100~101
스쿠텔로사우루스 92~93
스테고사우루스 10, 96~99
스티기몰로크 108, 120~121
스피노사우루스 44~47
시노사우롭테릭스 36~37

ㅇ
아르젠티노사우루스 86~89
아르카이옵테릭스 32~35
아마르가사우루스 84~85
아파토사우루스 76~79

안킬로사우루스 103~107
알로사우루스 27~31
에오랍토르 16, 66~69
엘라스모사우루스 154~157
오비랍토르 52~53, 112
이구아노돈 90, 108, 128, 132~135, 140
이크티오사우루스 150~153

ㅋ
카르카로돈토사우루스 38~39
케라토사우루스 26~27
케찰코아틀루스 162~165

ㅌ
트루돈 56~57, 126
트리케라톱스 108, 114~117, 119
티라노사우루스 27, 29, 38, 45, 60~63, 78, 126

ㅍ
파라사우롤로푸스 140~143
파키케팔로사우루스 121~125
폴라칸투스 102~103
프로토케라톱스 53, 118~119
프시타코사우루스 110~113, 126
플라테오사우루스 70~71

ㅎ
할스즈카랍토르 50~51
헤테로돈토사우루스 130~131
힙실로포돈 128~129

도움받은 책

• 국내 출간

《움직이는 도감 MOVE 공룡》(고바야시 요시쓰구 감수, 루덴스미디어, 2018)

• 미출간

『Dinosaurs: A Field Guide.』(Gregory S. Paul(著), A&C Black, 2010)

『DVD付 新版 恐竜(小学館の図鑑NEO)』(冨田幸光(著·監修), 小学館, 2014)

『大人のための「恐竜学」』(土屋健(著), 祥伝社, 2013)

『恐竜(学研の図鑑LIVE)』(真鍋真(監修), 学研マーケティング, 2014)

『恐竜(ポプラディア大図鑑WONDA 7)』(真鍋真(監修), ポプラ社, 2013)

『恐竜学入門―かたち·生態·絶滅』(David E. Fastovsky(著), David B. Weishampel(著), 東京化学同人, 2015)

『恐竜の教科書：最新研究で読み解く進化の謎』(ダレン・ナイシュ(著), ポール・バレット(著), 創元社, 2019)

『新説 恐竜学』(平山廉(著), カンゼン, 2019)

『ティラノサウルスはすごい』(土屋健(著), 文藝春秋, 2015)

『ホルツ博士の最新恐竜事典』(トーマス R. ホルツ Jr.(著), 朝倉書店, 2010)

※ 이 밖에도 책과 웹 사이트 등을 여럿 참고했습니다.

술술 읽다 보면 오늘부터 공룡 박사!
이건 몰랐지?
기발하고 엉뚱한 공룡 도감

초판 1쇄 발행 2022년 4월 29일

감수 히라야마 렌 | 그림 가니 멤마
옮김 심수정 | 한국어 감수 임종덕
펴낸이 민혜영
펴낸곳 (주)카시오페아 출판사
주소 서울시 마포구 월드컵로 14길 56, 2층
전화 02-303-5580 | 팩스 02-2179-8768
홈페이지 www.cassiopeiabook.com | 전자우편 editor@cassiopeiabook.com
출판등록 2012년 12월 27일 제2014-000277호
책임편집 공하연 | 책임디자인 이성희
편집 최유진, 이수민, 진다영, 공하연 | 디자인 이성희, 최예슬
마케팅 허경아, 홍수연, 이서우, 변승주

ISBN 979-11-6827-032-9 73490

이 책은 저작권법에 따라 보호받는 저작물이므로 무단 전재와 복제를 금하며, 책의 전부 또는 일부를 이용하려면 반드시 저작권자와 (주)카시오페아 출판사의 서면 동의를 받아야 합니다.

- 잘못된 책은 구입하신 곳에서 바꿔 드립니다.
- 책값은 뒤표지에 있습니다.